曽我量深から安田理深へ

増補版 親鸞教学

本多弘之 著

法藏館

『増補版』の序

本書の主題は、日本近代における親鸞思想の学びの特徴を明らかにするところにある。近代日本の歴史的な大変動期に、真っ向からその時代思潮と対応しようとしたところに、真宗大谷派（東本願寺）の教学の悪戦苦闘の歩みがあった。それは、三百年に及ぶ徳川幕藩体制下で、がっちりと社会の安定志向に組み込まれて、躍動する人間解放への志願が踏みつぶされてきた日本近世の宗教状況が背景にあったからである。それによって、ほとんどすべての既成宗門は、新時代の社会の激動にもことさら鈍感であったのではなかろうか。

清沢満之先生にはじまる真宗大谷派の教学の努力は、封建体制に寄り添って、いわゆる「伝統教学」を自認してきた「封建教学派」との思想的な戦いでもあった。その困難さは、親鸞聖人以降の解釈の流れを正当化してきた真宗思想史の本質が、親鸞聖人を宗祖として掲げながら、実は親鸞聖人その人を直接学ぼうとする方向を圧殺してきたというところにあった。最近になって、「真宗学」は、「親鸞教学」ではなく、「列祖教学（覚如・存覚・蓮如等）」や、江戸封建教学の絶対化だったということが、やっと声を上げて指摘できるようになったのだと思う。

清沢満之先生が、教学の在り方は、宗祖親鸞聖人の『教行信証』六巻を根本的な学の対象とすべきで、その他はすべて平等に一学徒（末徒）の解釈であると主張されたのは、画期的な卓見であった。

現代から見れば、これは至極当然の学問的常識であろうが、明治期はもちろんのこと、太平洋戦争が終わるまでの日本の思想状況下では、宗門内の多数派から、清沢先生やその流れを汲む志向は、「異安心（異端）」として封じ込められてきたのである。

親鸞聖人の教えを学ぼうとして、真っ向から親鸞聖人の書き残された文献にぶつかって、宗教的情熱のほとばしりを浴びながら教学することが許されるようになったのは、じつに二十世紀も後半になってからなのであった。清沢満之先生は、明治期にあまりに早くその学びの方向を見極めたことによって、時代状況との軋轢につぶされた面もあったのだと思う。

本書の題名「親鸞教学」は、曽我量深先生が大谷大学の学長に就任（昭和三十六年）されて直ぐ、真宗学科の機関誌を改名して「親鸞教学」という名を与えられたことに由来している。この意味を、親鸞聖人に直接学ぼうとする学びであると受け止め、その学びの系譜を「近代教学」という名で異端視する思想を、「封建教学」であると判明に位置づけたいと思ったからである。

筆者は、ちょうどこの機縁に会うべく時を選んだわけではないのだが、昭和三十六（一九六一）年に大谷大学大学院に入学して、親しくこの「親鸞教学」によって教育された人間である。大谷大学には、曽我量深・金子大榮・松原祐善という先生方が復帰し、野では安田理深先生が相応学舎を相続されていた。いきいきと宗教的情熱が吹きあふれるような先生方の教えに触れて、この学びを自己の身にしっかりと受けいれたいと念願し、学生生活を送ったのであったが、封建教学派の教授方からは、おそらく無視ないし蔑視されていたように思う。その後、大谷派教団は世にいう内紛状態に入ったが、そのとき「近代教学」が敵視され、ことあるごとに「近代教学は異安心である」と非難されたが、親鸞聖人の学徒として何が問題で、どうしてそれほど「親鸞聖人の教え」から離れているとされるのか、まったく了解できなかった。

そのころ、大谷大学で清沢満之先生の系譜を講義する縁を与えていただき、「近代教学論」のテーマで、それ以降、数十年にわたって考究することができた。その成果の一端は、『近代親鸞教学論』(草光舎)として上梓したが、清沢満之先生の系譜の特質を十分に解明し切れてはいない。その後にその系譜に関係する講義(地方の寺で)をする縁を与えられ、それを聴いていた聞法者が原稿起こしをしてくださったので、『親鸞教学』(法藏館、一九九八年)として出版することができた。しかし、この本はすでに永く絶版状態になっていた。昨年、安田理深先生三十三回忌に当たり、「唯識思想と浄土真宗」ということを考察することがあった(二〇一四年二月)。それに加え今年の無窓忌(二〇一五年二月)で「倶生起の煩悩と唯除」というテーマで、人間存在の根本的罪悪としての末那識相応の煩悩の問題と、本願文・成就文の「唯除」の問題とをぶつけ合わせて考察する機会があった。倦むことなく聞の姿勢を一貫された親鸞聖人の姿勢と、その親鸞聖人に直参してその思想信念を解明しようとする親鸞教学にとって、この二つの課題は思想的、求道的に深く関わるのではないかということである。生涯にわたって信心の喜びとともに、「悲しきかな」という慚愧の心を生きられた親鸞聖人の信心の原点を、ここに見出せるのではないかと感じられるからである。それで、この二つの講義録をもとに加筆整理して、「唯識思想と浄土真宗」として新たに加えて、『増補版　親鸞教学』として世に送りたいと念願した。
現代の大変困難な思想状況のなかに、親鸞聖人の思想信念を学ぼうとする方々に、この書が少しでもその手がかりになってほしいと念ずるのである。この願いを受けいれてくださり、『増補版』の出版をお許しくださった法藏館社長、西村明高氏および編集長戸城三千代氏、そして和田真雄氏に深く感謝するところである。

二〇一五年七月一〇日

本多弘之

増補版　親鸞教学　目次

安田理深論

近代親鸞教学の課題

一　大谷派の近代教学の流れ

端緒を開いた清沢満之

安田理深先生の一周忌ということで、とても安田先生のことをお話しするような身ではないのですが、心苦しいままに出させていただいたようなことであります。

清沢先生、曽我先生、安田先生という大谷派の近代教学の流れによって、親鸞聖人の教えが少しくうなずけるようになった身としましては、一般にいわれるいわゆる近代教学の流れをもう一度確認してみたい。どういう意味で近代教学といいうるのか。また流れといってはいるけれども、清沢先生と曽我先生と安田先生とはちょっと見れば、教学の立場や内容や方法が全然違うようにも思われる。そういう先生方をまとめて近代教学と評価する場合、本質というか本領というか、どの辺をおさえて「近代教学」ということができるのか。そういうことを私はずっと長い間考えてきたこともあって、そういうことならば少しはお話しできるかなと思ったようなことです。皆さん方は安田先生のことを憶ってお集まりいただいているわけで、私の話は一向意に添わないかもしれませんけれども、私としてはそういう形で少しくお話しさせていただこうと思って参ったことです。

　清沢先生が近代教学の端緒を開かれたといわれます。清沢先生によって大谷派の教学が現代思想とぶつかり合いながら、生き生きとした非常に魅力ある教学の内容をもつことができるようになった。そういう意味で、清沢先生の着眼点は、『精神界』に載せられた絶筆の『我が信念』という題名がはっきり示しますように、「ただ信心をもって要とす」、つまり宗教的精神は信心一つにある、あるいは人生の一大事は信心を確立することにある。清沢先生の人生に対する根本的な視点が、信念一つを確立することにある。しかもそれは他力の信念である。その清沢先生の信念が当時の求道心をもつ学生に大変大きな影響を与えた。そしてあの当時、雑誌『精神界』を縁として思想的な応答が沸き起こる起爆剤のような役目を果たしていたということは、当時の記録とかいろいろな雑誌を見るとよく分かります。

　清沢先生はわずか四十一歳で亡くなられたわけですが、一九〇〇（明治三十三）年から一九〇三（明治三十六）年まで、いわゆる西欧の世紀末の動揺をくぐって新しい世紀に入った頃で、ヨーロッパでも思想的に大変活発な時期であった。それをいち早く感じ取った清沢先生が、日本の精神的な課題を、親鸞聖人に触れた中であのような形で表現していかれた。

　清沢先生は、あの当時の学生で清沢先生の影響を受けなかった人はいないといってもよいほど、大変多くの方々に影響を与えられました。『精神界』を見ますと、その後の歴史の中で反動的役割を果たすことになった方が書いておられ、若い学生時代には清沢先生に大変大きな影響を受けておられる。

そういう意味で、真宗大学の学生あるいはその後の流れを汲んだ方であれば、ほとんど清沢先生に触れたといってもいいかと思うが、曽我先生が清沢先生に触れたというのは、そういう触れ方と違う。曽我先生と清沢先生との出遇いというか、曽我先生が清沢先生に触れたということはどういうことか。これが私にとっては、ずっと長い間の一つの疑問であったのです。

『曽我量深選集』第一巻の月報に、津曲（淳三）さんが曽我先生と清沢先生との出会いを書いておられます。清沢先生は東京でご自分のお家に学生をお泊めになって共同生活をしておられた。そこを浩々洞と呼ぶことになるのですが、そこでは毎日議論をしておられた。時間の許す限り、議論好きな学生がくたびれ果てるまで先生と議論をしていた。その時に曽我先生は必ずしも『精神界』の発行同人と一緒に清沢先生のもとにおられたわけではないのです。曽我先生ははじめは、清沢先生という人あるいは『精神界』の同人に対してむしろ疑問をもっておられた。清沢先生はその当時新しく東京に建設された真宗大学の学監をしておられて、今でいう学長で、自分のお住まいを学生に開放していたわけですが、その学生と真宗大学に入ってきた学生とは必ずしも一つでない。大学から『無盡燈』という雑誌が出ていたわけですが、そこで弱冠二十六、七歳の曽我先生が『精神界』に対して堂々と論戦を挑んでいるのです。

また、高山樗牛の主宰する『日本人』とか、当時の仏教界の学者であった境野黄洋とか高島米峯という方々が出していた『新仏教』とかいろいろな雑誌が出ているのですが、『精神界』に対して大変手厳しい非難が集中していたわけです。

『精神界』の一般に与える影響がそれだけ大きかったからだろうと思いますが、『精神界』は表面に親鸞聖人とか本願とか念仏とかいう仏教用語をほとんど使わないで、他力の安心というものを表白しようとした。これは大変難しいことです。長い間培われてきた言葉がもっているニュアンスで有り難いとか救われるという感情がありますから、その言葉を捨てて表現せよということになると大変難しい。それにあえて挑んだわけです。おそらく清沢先生の指導の下に若い学徒が、今生きている言葉、日常的な言葉あるいは新しい文明を映している言葉だけを使って表現しようという努力をされたわけです。そうすると教団の中から、あんなものは親鸞聖人の教えでないとか、そんなものは他力の安心ではないという非難が起こるのは当然である。

その当時、明治三十年代といえば、西洋列強の植民地化政策ということで、インド、フィリピン、中国を侵し、次には日本というので、南からはイギリスやらオランダやらドイツやらが上がってくる、北からはロシアが下がってくるというわけで、日本はもう風前の灯火だったわけですね。そういう中で日本は、一八九五（明治二十八）年に日清戦争で奇跡的な勝利を収めた。そして次に、一九〇五（明治三十八）年には、日露戦争で勝利した。そしていよいよ日本が中国大陸に侵略していく契機を摑んでいった。ですから、精神的にも不安定であるし、国力が軍事の方へ全部吸い取られていき、いよいよ日本人の生活が貧窮を極めた時代であった。その中にあって、他力の信念の表白という、『精神界』の思想的な位置づけが大変大きな意味をもつわけです。

清沢先生に「国家のために宗教あるにあらず」という言葉があります。その当時の国民全部の目が富国強兵という統一の旗の下に取り込まれていって、一体人間として一番大切なものは何かなど問うことすら許さないような気分が日本全土を覆っていた。江戸期以来、儒教の倫理から自己を修めることが大事だということはかなり民衆に浸透していた。寺子屋教育などあらゆる機会を通じて宣伝されていた。それを徹底的に利用した。つまり倫理道徳が強調された。その目的は国家に奉仕するような体制に組み込むということがあるわけです。

その中で清沢先生は宗教は何のためにあるのか、宗教は人間の根源的な要求から生じて根源的要求を満足させるところにあるのだ、国のためにあるのでもないし、職責のためにでもないし、倫理のためにでもないとおっしゃいます。こういう視点で『精神界』を出していきますから、外からは、個人の精神的な安心を求めるものは軟弱思想であるとか羸弱思想であるとかいう非難がくる。ですから、清沢先生の『精神界』がはたした思想的な位置は、そういう意味で根源的に重く、しかも大変広い影響をもっていたということを思うわけです。

曽我量深の精神主義への疑問

話が横へそれましたが、曽我先生が『無盡燈』で論戦を挑んだ。これは『曽我量深選集』第一巻に「精神主義」というタイトルの下に、『無盡燈』から編集し直して集められた文章が載っています。大変深く『精神界』を読み抜いた上で、それでもなおかつ疑問があるといって疑問を提出しておられる。その疑問は、宗教に対して必ず世間から投げかけられる非難であるし、特に精神的に若い時代に他力の信念に対して感ずる根源的な疑惑です。そういうものを表明しておられますので、単に曽我先生の疑問というよりも、求道する人間にとっての鍵のようなところがあるように思います。疑問を投げておられるのが一九〇二（明治三十五）年です。曽我先生は一八七五（明治八）年九月生まれですから、その当時曽我先生は二十七歳ということになります。

第一点は、精神主義というけれども、それは消極主義ではないかと。

清沢先生は東大の哲学科を首席で卒業されてすぐに井上円了先生の知己を得て、東洋大学の教授になられ、一高の講師もされて、東大の哲学会つまりはじめて日本に哲学会という学会を作られた同人の一人です。当然哲学の学問を担われる、そういう自負と嘱望を担っておられたと思うのですが、東本願寺の命によって、京都の尋常中学校の初代校長に清沢満之が任命された。清沢先生は友達が皆引き止めたのを断って、自分は宗門に恩義がある、宗門のおかげで勉強させてもらったといって、あっさりと東京の学問の道の将来を捨てて尋常中学校の初代校長になったわけです。それ以来、京都で十年間悪戦苦闘しておられますから、京都という場所はどれほど人材教育に邪魔の多いところか身にしみておられたと思われます。清沢先生の表現の中に「京都というところは因循姑息である」という言葉があります。

それで、清沢先生が宗門の人材を養成するについて、京都という場所に見切りをつけて宗門子弟の養成機関を東京にもってこられます。東京といえば天皇中心の国家となるについての新しい都です。

そこに教育の場をもっていくということは政治的経済的文化的な刺激のあるところを選ぶことですから、もしそれに追随するような人材を作るということならば、まったく識見がないといわざるをえない。ところが、清沢先生はそうでなくて面白いのですね。

皆が進歩進歩と騒いでいて、前向きに前向きにと、国を強くしなければならないとか、文化を発展させなければならない、政治力をつけなければならないという、進歩発展の風潮のただ中に立って、退一歩できるかという消極主義を打ち出したわけです。その辺が清沢先生の面白いところだと思うのです。はじめから退嬰的なところで退嬰的になるなら意味がないわけですが、皆が前向きに行こうとするときに退一歩して自己とは何かという問いをもち続けられるか。ある意味では時代に反するようなことをするために、その当時は一面の畑であった巣鴨の土地を買い取って真宗大学を開かれた。ですから、はじめから消極主義を打ち出しているわけです。

曽我先生はそのことを取り上げて、消極主義、アキラメ主義は要するに、今までに何をしたかという過去の罪意識、過去の行為の苦悶から脱却する、つまり道徳的苦悶から癒され治されるための主義ではないか。それならば本当に人生の力を将来に向かわせる力にならないのではないか。過去の回復、過去を癒し過去を救うことであるならば、本当の人生の力になるのか。こういう問いを出しておられるのですね。若い学徒として曽我先生がもたれた精神主義に対する一つの疑問です。明治三十五年の『無盡燈』一月号に曽我先生の論文が出ていますが、そのすぐ後、清沢先生は『精神界』二月号に「精神主義と三世」という論文を書いておられます。

将来に大いに為すべきことが他力の安心によって命ぜられるのだ。過去をあきらめることは現在に安住することであり、現在に安住することがなければ、本当に未来に向かって奮励努力はできない。世の人々は現在に不安があるから、不安を解消しようとして努力すると進歩的に考えるけれども、それは本当の人生の実験に立つものにとって不安があったらできないのだ。ああやったら心配、こうやったら心配だという状況で全力が尽くせるかといったら尽くせない。本当に今の現在に安住してこそ全力を尽くして未来に奮励努力することができる。こういうような文章で、曽我先生の第一の疑問に対する回答をなさいます。

さらに、曽我先生は、過去に対するアキラメ主義ということは、自分の現在の行為に対する規範を失うから、何でも勝手放題にする、何をしてもよいという妄動主義つまり非理性主義ということになりはしないかという問いを出される。特に暁烏先生が美的表現で、如来はお許し下さってあるから何をしてもかまわないのが正定聚不退の信念であるといって、『歎異抄』などの「善もほしからず、悪もおそれず」という表現を積極的に、罪悪であろうと何であろうと思うままにやってかまわないといっている。これは誤解を生む表現です。その表現に対して、曽我先生はそんな勝手放題にやっていいということは無責任ではないかといわれる。

こういう問いに対して、清沢先生は「倫理以上の安慰」という文章の中で、倫理道徳に基盤をおいて、その立場に立っているものに対していっている言葉でないのだ。信仰の表現、宗教的要求の表現は倫理以上の安らぎを表現するものだと書かれた。さらに「倫理以上の根拠」という文章を書いておられます。倫理以上の人生の根拠を表現するものだと。こういう形で、明らかに曽我先生の問いをその当時の世間の問いの代表として引き受けて、清沢先生が大変有り難い文章を書いて下さっています。

精神主義の根拠はなにか

次に曽我先生の第二の疑問点は大変鋭いと思います。精神主義は唯心論ではないかという疑問が、その頃すでに投げかけられていて、それに対して精神主義は唯心論ではない、現実人生を生きる心の依り処、実際主義だと清沢先生は答えた。実際にこういう立場で生きるということをいうのであって、何でも心の表現であり心だけだ、物なんかどうでもいいという唯心論をいうのではないと。それに対して、曽我先生は、それでも唯物論ではなかろう。唯心論でもない、唯物論でもないというならば、形而上的根拠は何であるのか、こういう哲学的な疑問を投げかけておられます。

そして、要するに『精神界』の諸君がいっている宗教的救済というのは慈悲だけではないか。それでは慈悲が形而上的根拠か、つまり第一原因か、一切の世間が慈悲から生まれているのか。慈悲によって包まれて、それだけでいいのかという疑問です。もしそうならば、それは一神教に対する汎神教です。あらゆる自然がそのまま神であるような汎神論的な、つまりそのままもともと救われているのだというのと同じでないか。それなら宇宙最良論だと、曽我先生は極めつけておられます。

宇宙最良つまり宇宙が一番いい、このままでいいという議論になりはしないか。それならば精神主義は他力だといっているけれども、その他力は自力ではないか。清沢先生の立場は根源的に自力ではないかという疑問を投げているわけです。大変鋭い疑問であり、難しい疑問だろうと思います。

明らかにこの問いを受けて、清沢先生はいくつかの論文を書いておられます。それで非常にはっきりと、宗教は主観的事実であるとおっしゃいます。曽我先生が結局主観ではないかといったのに対して、主観的事実である、つまり宗教的救済の事実は自己に起こる絶対的事実であるといっておられます。そして、この形而上的根拠という問題に対しては、清沢先生の答えで曽我先生はどうも満足しておられないように思われます。

それから第三点、これはどうも疑問という形になっていないように思うのですが、精神主義の立場は自己修道的というか、精神修養主義というか、自分の心を修めていくものでないかと。これは清沢先生の文章を読みますと、大変強い姿勢で出ています。自己を修めるということは、やはりあの時代における説得力をもった人生態度でもあったろうし、清沢先生に一貫する態度でもあったように思います。問題が究極的に自己にある。自己を修めることによって宗教的信念が確立される。自己修養の方法としての内観というういい方もなされます。

その自己修養という表現だけを取れば、ミニマム・ポシブルに代表される清沢先生の、一切を投げ捨てて無一物で生きようとされたという自力主義の骨頂の名残とも受け取れるような表現です。しかし、清沢先生においては、いつでも我々は他力を憶うときに救われる、けれども生活の中でいつでも安心を忘れて迷い出す、しかしまた念仏の一念に立ち帰るときに救われるのだと。こういう聞法生活を清沢先生は端的に自己修養という言葉でいわれるわけです。

その態度と高山樗牛らが当時唱えた本能満足主義や美的生活主義という主張、つまり本当に人生を謳歌して、この人生を美しきものとし本能が満足するような形で生きたいという主張が大変大きな影響を与えた。一方で自然主義というものを生み、頽廃的なものも生んでいったわけですが、本能満足主義もヨーロッパの歴史にエピクロス学派がありますが、ちょうど本能本能といって追求していくと、現実の中では人間が本当に満足するということは大変難しいわけで、そこに本能とは何かという問いが当然出てくる。思うままにといっても、腹が立ったからぶんなぐるとか、そんなことをしていたら満足できるわけがない。ますます難しくなり苦悶が増えるだけであって、どうやったら満足できるかというと、結局根源的要求において満足するという方向を本能満足主義も取っていくわけです。そうすると同じことになるのではないか。この人生を感謝し、この人生において安心するという精神主義と本能満足主義とが結局同じことになっていくのではないかと。そうすると精神主義の根本主張は一体どこに独自性があるのかという疑問です。

ですから、曽我先生は清沢先生に対して『精神界』の論文に心引かれながらも、そういう意味で根源的な疑問を『無盡燈』に載せておられるわけです。これが一九〇二（明治三十五）年正月ですから、その当時のそういう態度からすると、曽我先生の浩々洞入洞は不思議です。一九〇三（明治三十六）年の四月に曽我先生は浩々洞に入洞される。

清沢満之を一生の師とする

ところで、清沢先生は一九〇二（明治三十五）年の十月に真宗大学学監を退かれる。それは大学に起こったストライキの責任を取られたのです。そもそも畑の真ん中に清沢先生が真宗大学を移された目的は、進歩進歩といって、国家に追随し、西洋文化に追随し、そういう形で我を忘れて外のものを追っていく日本人の精神の根源にあくまで呼びかけて、自信をもって立てるような、つまり宗教的信念をもった人材を養成したいということである。ですから、その大学を出ても宗教学校ですから、世間的職業上、何の資格もないわけです。ただ僧侶になれるという資格だけです。ところが、それに対して学生は、文部省から認可を受けて学校の教員免状を取れるようにして欲しいという要求を学監に突きつけたわけです。それに対して関根仁応さんがポンと断った。それでストライキが起こった。ストライキが起こると同時に、清沢先生は責任を取られて辞めてしまったわけです。学生は清沢先生を辞めさせるつもりはさらさらなかったそうですが、そういう自分の趣旨が理解してもらえないということは自分の責任だといって、ポンと辞められた。

清沢先生は大学を辞められてすぐ後、養家先の西方寺へ帰られた。一切を投げ捨てて帰られたといっていい。清沢先生の一生についてですが、先生に先立って、ご長男が自分と同じ結核で亡くなられた。そしてやはり奥様が一九〇二（明治三十五）年の春、亡くなっておられる。そして自分が最後に情熱をかけて作った大学の学生に背かれ、そこを去っていく。そういうことで全部背かれ、欺かれていうか、自分の願い、愛するものを全部一つ一つはぎ取られていって、最後に自分の命を捨てていかれた。そういう悲劇的な最期であったわけですが、大学を去られた後、むしろそれまでついていった人たちが動揺して、それまでの浩々洞からむしろ遠ざかっていく頃になって、曽我先生は一九〇三（明治三十六）年の四月に浩々洞に入洞しているのです。一体何があったのか、何にもそれについて曽我先生は述べておられません。どうしてそこで転換があったのかということがわからないわけですね。

『曽我量深選集』を読んで、面白いことに気がついたのですが、清沢先生は一九〇三（明治三十六）年に亡くなっておられますから、一九〇九（明治四十二）年に清沢先生の七回忌の法要があちらこちらで勤められた。東京で勤められたときに、その講話に曽我先生が当たっているわけです。何人かの方が当たったのだと思いますが、先生のばあい七回忌の法要の講話に当たるということは、その前の経歴からするとちょっと不思議だと思われる。そのことを曽我先生自身が七回忌の講話でいっておられます。これは『曽我量深選集』第二巻に「自己を弁護せざる人」という文章で入っております。何をいっておられるかというと、当時『精神界』の影響が大変大きく、当時の思想界を動かして、反響というよりも非難轟々であった。たまたま京浜地区の青年仏教徒大会が上野の精養軒で催された。これが明治三十五年の何月のことかはっきりしないのですが、たぶんこの論戦のあった一月から三月までの後、そして清沢先生が去られる十月までの間です。そこへ多田鼎さんと曽我量深先生とが出席しておられます。その時の記録を多田鼎さんも曽我先生も発表しておられて、それが『清沢満之全集』第八巻に載っております。その時の会合で奇しくも、その当時の東京の仏教界の代表者たちの演説が、『精神界』の非難に集中した。あの雑誌は何だというわけです。大体想像されます。明治のはじめの人間ですから、仏教の古い言葉を使わないというだけでもう反感を呼びますよね。

いっている思想内容は、何が主義なのかといえば、精神主義というそんな妙なことをいっている。親鸞でもなければ、日蓮でもない。何だ、あんな妙なものがあるかと。当然いろいろな疑問があるにちがいない。まして曽我先生が投げておられる根源的な問いがある。そういう問いを受けて清沢先生が静かに立たれた。そして、

「我々が精神主義を唱へて、諸方の高教誡に感謝の至に堪へぬことであるけれども、我々は何等をも主張するのでなく、唯自己の罪悪と無能とを懺悔して、如来の御前にひれふすばかりである、要は慚愧の表白に外ならぬ」

といって座られた。その時の面影がいまだに、つまり七回忌の法要でお話をされている曽我先生の面前に彷彿として浮かんで忘れることができない。あの能力とあの学問とをもってすれば、どんな論難であってもたたき伏せることぐらい簡単である。その清沢先生が一言の弁護もなさらずに、ただ自己の罪悪と無能とを懺悔するのみであるといって座られた。その姿が忘れられないと曽我先生は七回忌の講話でいっておられるわけです。

おそらくこれが清沢先生という人を仏者として、親鸞聖人の後を継ぐ人として、曽我先生が頭を下

げざるをえなかった事件なのではないか。というよりも明らかにそうだと思いますね。これで完全に曽我先生は深い疑問が消えたわけではないけれども、清沢先生を自分の一生の師とする。こういう態度が決定されたのだろうと思います。それで、一九〇三（明治三十六）年の四月に清沢先生亡き後の浩々洞に曽我先生は入っていかれる。

それで、そのときの七回忌でいっておられることが面白い。安藤州一さんの『清沢先生信仰座談』という本がありまして、清沢先生の信仰座談を記録しています。大変面白く、影響の大きかった本です。その中に、釈尊でいえば十大弟子との対話のように、浩々洞に出入りした人たちと清沢先生との舌戦の模様が残されています。安藤州一さんが大変克明に記されたものが一冊の本になっております。その中に曽我量深という名前が出てこない。曽我先生としては悔しいにちがいない。切歯扼腕しているのだと思います。安藤州一さんに認めてもらってない、「わしは弟子として認めてもらっておらん。第一経典編纂の事業がいわば安藤さんによってなされたときには、名前が出ておらない人間だ」、「いわば十大弟子に対すれば、自分は提婆達多であります」と、こういっているのです。

「けれども、提婆達多が釈尊を荘厳することがある。十大弟子だけが釈尊を荘厳するのでない。提婆達多が釈尊の偉さを荘厳することがある。だから自分も提婆達多のような位置で清沢先生を荘厳することもあるのではないかと思います」

といっておられる。そして、

「自分は清沢先生に対する反逆者であります。疑惑深き人間であります」

こう七回忌でいわれた。

清沢満之に対する反逆者

曽我先生の頌寿記念ということがありまして、私が大学にいた頃の話ですが、九十歳の記念講演で、「如来あっての信か、信あっての如来か」というタイトルで講演をなさった。面白い話です。その中でこういう話が出ております。親鸞聖人は法然上人に対する反逆者であると思う。いわば法然上人の人格的追随者は法然上人に関する伝記の中に名前も出てくるし、倫理的な意味でいえば、法然上人の一生不犯といわれる持戒堅固の生活を真似した方はいくらでもある。それに対していえば、法然上人の『選択集』をいただきながら、新しく『教行信証』を作成して、新しい宗風を作ったという意味でいえば反逆者である。

どういう点かというと、それは深い疑惑をもったからだと。念仏で助かるといって、一向助からない。念仏を称えて助かるとは、どういうことかということを徹底して問うていった。人間の迷える意識の中に迷いを超える悟りというものがどういう意味で開けるのか、本当に信頼できるものがこの迷える人間の上にありうるのかという問いを徹底して問うた人、これが親鸞聖人である。疑謗の人だと、つまり「信巻」の別序に「且らく疑問を至して遂に明証を出だす」とありますように、疑問を出して「信巻」を開いた。この「信巻」を開いたところに親鸞聖人の仕事がある。「行巻」までなら、法然上人で済んでいる。念仏の信心で助かるということまでなら、法然上人が済ましている。しかし、その助かる主体というものが人間の中に起こって人間を超えたものだということがどうしていえるか。こういう疑問を徹底して明らかにした。だから、いわば法然門下の提婆達多だといっているのです。曽我先生の達観だと思います。

曽我先生と清沢先生の出会いという点について、そういう意味でいうと、おそらくこれは深い疑問であったから、清沢先生によって答えられたわけではなかった。そのことを頌寿記念の時に、こういうふうにいっておられます。

「九十歳になって、自分のもった問いは、如来あっての信か、信あっての如来かという問い、如来あるがゆえに自分の信が起こるのか、自分の信があるから如来があるというべきか」

と。堂々めぐりの問いですね。そういう問いを掲げて、九十歳の学長が学生の前で講演なさったわけです。そして、面白いことに講演が終わって、それが記録されて出てきた本の題名は、『我信ずるがゆえに如来ましますなり』でした。つまり親鸞の骨頂は「信巻」にある。信に立ったところに如来があるのだということです。

「こういう問いを実は自分は長い間忘れていた。青年時代に清沢先生から与えられた問いだった。ふと今思い出した。今思い出したけれども、本当は忘れてなかった」

と、曽我先生はいわれて、その問いに対して諄々と講演をなさったわけです。

私は真宗というものがまだよくわからなかった頃に聞いて、大変強い印象を受けたわけです。「こういう問いをもらったがゆえに、自分は一生歩むことができた」と曽我先生がいわれたことが、それは曽我先生の謙遜だろうと、たまたま清沢先生という偉い先生に触れたから自分が一生学者としてというか求道者として歩んでこられた結果、清沢先生からもらった問いを思い出したという謙遜だろうぐらいにしか思わなかったのですが、実はそうではない。曽我先生が出して考えておられる問いは、まさに清沢先生が出された問いであった。

それは、『我が信念』において、如来を信ずるとはどういうことか、自分はなぜ信ずるのかという問いが出され、まず第一に効能があると。如来を信ずると効能があるというわけです。

誰でも煩悶苦悩が多いわけですけれども、清沢先生の伝記を調べますというと、本当に涙なくしては読めない。随分重い苦悩の生活をしておられます。貧乏士族の家にお生まれになって、たまたま宗門に入った。それもしかも大浜の西方寺という大きなお寺に入られて、身は結核で病んでおられ、またありあまるほどの才能をもっておられる。ですから、外からも内からも煩悩が起こる。おまけに貧乏な士族の長男であったわけです。だから、養子に入っても、絶対に長男としての徳永姓の名前を変えるなという大変強い親父の制約があった。そして一方では、お子さんが生まれた。その籍をどちらに入れるかということで、親族同士の争いが起こる。その間に入って清沢先生は本当に苦労しておられます。

お寺に帰ってくれれば、おわかりのように田舎のお寺というものは一面有り難いけれども、一面大変排他的というか難しいところがありますから、清沢先生のような方が来ても、痰壺をもって歩いておられたそうですから、結核菌をまき散らしているような、そんな者は好かれるわけがない。話せば学士様の話で、有り難いお念仏の話でなく難しい話だというわけで、門徒からそうすかんを食らう。道を歩いていたら、門徒の子どもから石を投げられるということが、しばしばだったそうです。

そういう苦悩というものは具体的な現実から起こります。抽象的理論から苦悩が起こるわけでない。いわばつまらない現実が煩悶苦悩の種である。本当につまらないことから起こって一日腹が立つわけです。そういう中で煩悶苦悩しながら、清沢先生は生きておられる。

安田先生が清沢先生のご一生について、「あえぎながら思索した人だ」というようないい方をしておられます。私は『清沢満之全集』を読んでいると、圧倒的な才能に呑み尽くされるような感じがして、思索することが好きだった人、あるいは宿業で学問することが好きだった人、もう趣味ででも学問できる人というか、そういう面を見るのですが、清沢先生の本領は「あえぎながら思索した人だ」と。清沢先生という方は誠実な方で、本当に苦悩を逃げるということを嫌い、まともに現実の人生の苦悩を一一引き受けていかれましたから、人一倍苦悩が強い。その中で他力の信念を確認していかれた。ですから、我々が読んで感動するのは、表に出た喜びの言葉はむしろ花であって、根から来る。人生の苦悩にあえぎ悶えている、それが美しい信仰の花となって、信仰の喜びとなっている。だから清沢先生の言葉は、いつ読んでも何回読んでも迫力がある。

清沢満之の課題を受けての一生

私が曽我先生に触れましたのは、晩年八十七歳で学長になられてからで、最晩年に触れたわけです。いうまでもなく、その当時は、もう大家です。この間東京の方で曽我先生の十三回忌の法要があって、京都からご子息の信雄さんがいらっしゃって話しておられ、八十歳を契機にして変わったというい い方をしておられます。八十歳の頃、アメリカに行かれて、ロサンゼルスで病気になられた。そこで療養しておられて、そこで骨になるかというようなところまでいかれたそうです。死ぬのなら、日本へ帰って死にたいというので、強引に日本に帰ってこられたそうです。そうしたら不思議に元気になられた。それから、しきりに清沢満之、清沢満之といい出された。こういうふうにご子息がいわれるのですね。

実は『精神界』の編集を曽我先生が大正五年から七年まで引き受けられて、最後は『精神界』が廃刊になるわけです。その最後の責任を曽我先生は取っておられる。さんざん苦労して出し続けようとして努力されたけれども、どうにもならなくなって廃刊に追い込まれるわけです。曽我先生はその後、東京の東洋大学を辞めて、京都の真宗大谷大学に戻られるわけですが、大正十四年に京都に戻ってから、ほとんど表に清沢満之ということを掲げるような姿勢は取られなかったそうです。

しかし、大谷大学の学長になったときには、明らかにこの大学は清沢先生の学校である、清沢先生を父とし南条文雄を母として生まれた学校であると学長の就任挨拶をされまして、清沢満之ということを表に掲げられていったわけです。表向き、そのようにみえる。それから私どもが接していた曽我先生の講義、いわゆる大学の講義でも、大学院の講義でも清沢満之ということは一度もいわれなかったと思います。御開山聖人、親鸞聖人ということはいわれても、清沢満之ということを真宗学の講義でいわれたのは、私はちょっと記憶にないのです。それが頌寿記念で、いきなりぽつんと「自分の問いは清沢先生からいただいた」といわれた。その当時、曽我先生の論文を私など読んでみても、何のことかわからなかった。しかし、読み直してみると、実は曽我先生の一生を貫いて、おそらく七回忌の時に曽我先生が述べられた「自己を弁護せざる人」という姿勢の清沢先生の眼がずっと曽我先生を見つめておられたのですね。

それをこの間、広瀬杲先生が出された『両眼人』という本の中で確認することができました。金子先生に出されたお手紙ですね。金子先生との精神的な応答の中で、「両眼人」、「智目行足」といっておられますが、学問と求道、この相矛盾するあるいは大変相補うことの難しい両面を兼ね備えた人が清沢満之先生その人である。両眼を備えた人は清沢先生のみである。願わくば我らもその後を継ぎたいと思うという大変強く、重い志願を金子先生に表白されているのです。広瀬先生も、曽我先生がどういう意味で清沢先生のお弟子なのかということに対して、かすかな疑問があった。けれども、あのお手紙の一言に接して、疑問が雲散霧消した、氷解したといっておられます。

私は幸いに『曽我量深選集』を読み通していましたので、もうちょっと前にその疑問が解消していました。曽我先生が書く文章は、一生の間そのテーマが反復し、清沢先生との若い時代の論難応答を深めていく歩みであった。そこから出てきた「如来あっての信か、信あっての如来か」に極まるまでの間、歩みというものがずっと「我が信念」との対話であるように思われます。

「我が信念の課題」

さて、第一は如来を信ずるというところに効能がある。それは煩悶苦痛が拭い去られる。「信念が現在」するときに、つまり自分の上に如来を念ずる、南無阿弥陀仏を念ずるという心が起こった途端に、人生の煩悶苦悩が治まっていく。そういう効能が現にある。これが第一だ。これは如来の慈悲のはたらきであるといわれるのです。しかし、これは信じた人にとっては慈悲のはたらきがあるといえるけれども、信じない人にとっては何のことかわからないだろう。

実は如来を信ずるということは、私にとっては「智慧の窮極」であると、第二番目に出しておられる。「智慧の窮極」とはどういうことか。清沢先生は自分にとって人生の最上根拠というか第一原理というか、一番もとの真実とは何かということを探求する道をやっていくと挫折に挫折を重ねると。何が正しいのか、何が間違っているのかを突き詰めていこうとすると破れざるをえない。最後は何が真実なのか、何が非真実なのかは人間の能力ではわからない。これが正しいと思っていることが間違いになる。こんなものだろうと思うと、それが間違ってくる。ですから、人生不可解という結論に達すると。人生不可解といって、藤村操という方が華厳の滝から身投げしたという事件がありました。それは、清沢先生が「我が信念」を書くちょっと前です。「自分もしこの他力の信念がなかったら、人生の矛盾にぶつかって、とうの昔に自殺していたかもしれない」と書いておられます。つまり人生不可解だと。如来を信ぜずにおれないというところに来るのだ。つまり人知が人知を尽くして人知で立てない。人間の理性は人間の理性を根拠とできないというところまで来ざるをえない。もしそこで止まったら、これはニヒリズムですね。全部疑いでしかない。疑うことしかできない。

よく安田先生はデカルトの「コギト・エルゴ・スム（cogito ergo sum）」を出されて、疑っている事実だけは疑えないというところで、デカルトは自己を回復したと。けれども、疑う以前の、疑っていることを知っているという存在がすでにあると。こういうことがなければ、疑うということも起こらない。疑う以前の根拠ということを安田先生はいっておられた。デカルトの立場はよくわかりませんが、疑うということを立場にしていって行き詰まったら、自己を肯定することは人間にはできないと思うのです。疑うしかないと。そうしたら曽我先生が出している問いと同じであって、消極主義、アキラメ主義、否定主義であって、人生の肯定というものは生まれてこない。つまりニヒリズムに陥っていくしかない。そこに清沢先生はそれを超えて如来を信ずると。これは明らかに機の深信ですね。最後の自我心に、つまり疑う自己が疑う自己に立っている限りは、永遠のニヒリズムを超えられない。疑う自己を自分で超えることはできない。超えられたときにはじめて疑う自己を脱却できるというか、疑う自己を超えるような自己を回復できる。これが法の深信ですね。

ですから、「我が信念」の第二点は、大変難しい問題をはらんでいるわけです。「智慧の窮極」であリますと。そして「人智の絶頂」であります。人間の知恵の最高頂、絶頂でありますともいっておられる。如来を信ずるということは慈悲であり、智慧であります。智慧という意味は人間の理性で立てた信ではない。人間の理性が破れる、これには骨が折れましたと書いてあります。清沢先生は大変我の強い方であった。我が強いから苦悩があると釈尊がいわれるわけです。我執あるがゆえに苦悩する、苦悩は我執からくる。その我をどうやっても超えられない。だから苦悩が深い、骨が折れる。人生不可解だといって、自己を投げるまでには、大変骨が折れましたと書いてある。

そして「我が信念」の第三点は、何を信ずるのかと。つまり第一点は信ずればどういう効果があるか、第二点は何故信ずるのかと。第三点は何を信ずるのか、これが一番難しい問題ですね。如来を信ずる、その如来とは何かという問題に対して、清沢先生は「私の信ずることの出来る、また信ぜざるを得ざる所の本体である」といういい方をしておられます。信ずることができるもの、信ぜざるをえないもの、その「能力の根本本体」。私も「我が信念」を読んで、第三点がわからない。一体何だろう。わからないですね。これがわからないと、汎神教みたいにもなるし、一神教みたいにもなるし、どうもふにゃふにゃとわからない。不可思議なる能力の根本本体とは一体何のことだろう。阿弥陀仏とか不可思議光が何のことかわからないのと同じことです。

これはおそらく清沢先生がもっと表現したくても表現できない、その言葉でいうしかない極限の言葉に集約したわけです。曽我先生の一生の問いはそういう信ずることができる能力、信ぜざるをえざる能力とは何かということである。能力というものは対象化することができないものです。対象があったら信ずるというのが普通の我々の分別の発想です。ダイヤモンドがあるから信ずる。価値があるから信ずる。外に価値があって信ずることができる。ところが宗教的信念というものは、外にあるものを信ずるのでない。信ずることができる能力を信ずるのだと。信ぜざるをえざる能力を信ずると。これは信じてみないことにはわからないわけですから、理性で考えたのではわからない。

曽我量深の「日蓮論」の意義

曽我先生のいろいろな意味で不思議なわからない問題がありますが、清沢先生が亡くなられてから、突如として曽我先生は雑誌『精神界』に「日蓮論」を書かれます。ご承知のように安田先生の『不安に立つ』という対話集が出ました。あの対談の相手になられた茂田井教亨という方は、日蓮宗学の泰斗です。この方は、若い頃に曽我先生の「日蓮論」を読んで感動して、教学者になられた方です。曽我先生の「日蓮論」の意図が私の一つの疑問ですけれども、入洞された浩々洞から出ている『精神界』に出す論文のはじめに日蓮を論じるわけです。

その「日蓮論」は、宗教的人格論です。宗教的人格とは何か。日蓮という人はまさに宗教的人格である。宗教的人格の塊のような人だといいながら、日蓮上人の思想というものを大変深く掘り下げていかれる。あれを見ますと、曽我先生の思索の能力と思想界への野心が脈々と流れているのがわかります。あの調子でああいう論陣を張っていったら、おそらく曽我先生という方は違った有名人になっていたと思いますね。大変独自の内観能力、直観能力がありますから、それをもって日蓮上人を掘り下げていかれた。あれだけ深く日蓮を読んだ人は日蓮教徒の中にもいないわけですね。

内容は親鸞聖人に立って日蓮上人を批判しているのです。根本的批判をしているわけです。宗教的人格とは何か、宗教的人格を依り処とするということがもつ問題は何かということを論じているわけですが、本意がなかなか読み取れない。日蓮上人をほめたてまつっておいて、最後にやっつけるわけですね。やっつけるといっても日蓮上人をやっつけるというよりも日蓮上人をたてまつっている人間の立場をやっつけるというやり方です。それはつまり宗教的人格がなければ仏法はない、宗教的人格のところに宗教は生きているのだと。

その当時、「常識主義」というのが一方で出ております。先ほどお話しした境野黄洋や高島米峯とかの知識人が中心になって『新仏教』という雑誌が出ているのです。いわゆる宗派にとらわれた釈尊観を払拭せよと。お釈迦さまは宗派にあるのでない、原始仏教にある。お釈迦さまの神話性を脱却せよと。釈迦だって一人の人間だ。ただ立派な人間なのだ。まじめな人間なのだ。こういう形でお釈迦さまを回復しようとしていく。人間釈迦というものを回復しようというのが『新仏教』の立場ですね。そこに「常識主義」が出てくる。

それに対して曽我先生は「常識主義」とは何だ。肉体が人間でない。常識が人間ではない。我々は偉人を尊敬せざるをえないではないか。尊敬せざるをえない人間がいるのだ。常識に引き下げてそれが人間だというのは、人間を低く見る、卑しくするだけの話ではないか。大変激烈な調子で論陣を張っておられるのですが、その論陣の中で相手の立っている常識主義の立場をやっつけると同時に、精神主義に対する日蓮主義の立っている立場を、日蓮そのものを問うという形で考えている。

実は曽我先生は浩々洞自身がもっている根本問題を考えたのではないかと私は思います。清沢先生という方がすぐれた方であったがゆえに、清沢先生の崇拝者が寄り集まって清沢先生を崇拝する。崇拝するのはいいけれども、清沢主義ということになっていく。つまり純粋な信心をどこで明らかにするのかという大変困難な問題が実は浩々洞がもっていた大きな問題だったわけです。

曽我先生はおそらくこの問題を直感されて、「日蓮論」の中で掘り下げていかれたにちがいない。案の定、浩々洞の歴史の中で浩々洞が十年二十年経つ間に、悲しいことですが、人間の出会いというものは「去れば日々にうとし」ですから、単なる人格尊敬というものは忘れられていくわけですね。どんなに尊敬する人であっても、人として尊敬しているだけならば、その人を忘れるときに消えていくわけです。ですから、浩々洞は結局『精神界』を廃刊にしていくわけです。そして最後は浩々洞の解散です。それは当然のことですね。暁烏先生も「我動転す」という文章を書いて浩々洞から去り、多田鼎先生も清沢先生に対する深い疑いを投げかけて浩々洞を去っていったわけです。そして曽我先生も最後の浩々洞を引き受けられて、『精神界』を廃刊せざるをえなかった。結局、人を機縁に寄り集まったものは、人を失う時に、その機縁が消えていく。そしてそこに何が残るか。こういう問題をすでに曽我先生は「日蓮論」で徹底して論じておられる。

親鸞聖人は法然上人の教団の中で学び、法然上人と生き別れしたわけです。わずか五年あるいは六年、法然上人とお会いになった後、別れて一生法然上人を念じていかれた。その場合の念じ方というものが曽我先生の念頭にあるわけです。法然上人の人格について述べられた言葉は、源空和讃にありますけれども、『教行信証』においては『選択集』の一番はじめの巻頭の言葉と、一番結びの言葉が引用されてあって、後序には法然上人との出会いが述べてあります。それだけです。法然上人の引文というものは、他には全然見当たらない。そこで法然上人から親鸞聖人がいただいたものは何か。曽我先生はその問題について最初に「日蓮論」を考察され、最晩年には、「自分はこの問題をいただくことによって九十年生きることができた。真宗教学を学び続けることができた」といっておられます。

人生の根本問題、つまり自分が信ずることができるものは一体何であるかという、単純にして一番困難な問題を清沢先生の生きる姿から与えられたと。「それあるがゆえに歩けたのだ。もしそれを失っていたら、自分はどうなっていたかわからない」といっておられます。

曽我先生のような方ですら、清沢先生に遇っていなかったら、野心家としてあるいは哲人曽我量深、仏教学者曽我量深という形でいたかもしれない。そういう意味で宗教的人格との出会いというものが大変大きく重い意味をもっている。宗教的人格なくしては我々は回心することができないということが思われます。きょうはいわゆる近代教学を究明したいと思っているのですが、清沢先生には教学という内実はないわけです。清沢先生は信仰の根本に関わる問いを出された。それを曽我先生が教学として引き受けられた。そういうふうにいわれるわけです。

二　近代教学の課題

曽我量深から安田理深へ

清沢先生と曽我先生とは、近代教学ということで一枚岩のように考えられ、また事実その通りかと思いますけれども、私はずっと曽我先生のものを拝読し、また曽我先生の講義などをお聞きしてきて、曽我先生がいつも主題として考えられておられるテーマと清沢先生の仰せられる他力の救済とがどこで本当に一枚かということが何となく引っかかっていました。ずっとそういう問題がありましたけれども、安田先生がお亡くなりになって、安田先生のお仕事というものをそれなりに繰り返し繰り返し心で思ったり、著作などを読ませていただいていますと、やはり近代教学として一貫したテーマになっているということに気づいたわけです。この場は安田先生の一周忌ですけれども、先生を対象にすることはできません。先生について何かを語るということは大変不躾なことと思います。けれども、清沢先生から曽我先生へ、そして曽我先生から安田先生へということを思います時にどう考えるかですね。人からもそのことを質問されたこともありますし、また自分もそこを明らかにしておきたいということもあって、少しく考えさせていただいたことです。『親鸞教学』にも一部自分がいただいたところをまとめて書かせていただいたことでもありますけれども、もう少しそこを突っ込んで考えたいと思っております。

安田先生が曽我先生について直接お書きになったものといえば、『曽我量深選集』の月報にお書きになったものがあります。「自覚の教学」です。それと法蔵館から出ている『曽我量深説教集』第七巻の月報の中に、「赤表紙と新聞」という文章をお書きになっておられます。両方とも大変面白いものです。「自覚の教学」の方は曽我教学における唯識論と『大無量寿経』について書いておられまして、これは私にとって大きな示唆が与えられました。

安田先生はお若い頃に相当の学問的知識欲というか学問的要求から、唯識思想というものを仏教史の上において根源的に見直して、唯識思想こそ仏教の存在論を明らかにしたものであるということを思想史的にも突き詰めて考えたいという要求をお持ちだったようです。いくつかの天親菩薩の著作を縦横に研究して天親菩薩の思想的核心というものを明確にしたいという要求で勉強しようと思っておられて、曽我先生のところへお訪ねしたときに、自分のそういう学問的関心をお話しになった。ところが、曽我先生が一言で、

「それは佐々木月樵さんの方法だ。私は『大無量寿経』によって唯識を見るのだ」

といわれて、大変格調の高い唯識理解をお話になった。それで眼から鱗が落ちたということをお書きになっておられます。安田先生のあの厳しい唯識思想の探求の根本的な視点は、曽我先生のそのお言

葉を受け止めたところから出発しているのだということを改めて教えられたわけです。

それから「赤表紙と新聞」では、曽我先生は毎日の勉強をどういうふうにしておられたかというと、お聖教のみであると。昔は朱の表紙の和綴じのものが聖教でしたから、その赤い表紙の聖教と新聞、毎日の現実ですね。曽我先生の関心はいつも根本原理としての聖教と身近に起こる世界の現実、この二つだったのだ。中間の解釈書というか汗牛充棟の解釈書は見向きもしない。根本の聖教と日々の現実を自己の思索の材料、聞法の材料として歩んでおられたのだ。こういうことを安田先生がお書きになっておられる。これは、そのままおそらく安田先生の聞法姿勢になっているところではないかと私には思われました。

曽我量深と大谷大学

一九一一（明治四十四）年に東京の真宗大学が廃校になって、清沢先生の願いというものが無惨にも宗門当局によって打ち砕かれたわけです。皆さん、そういういい方をすると驚きになるかもしれませんが、普通には大谷大学は東京で開かれて、一九一一（明治四十四）年に京都に移転されたといわれているわけです。けれども、たまたま私は因縁があってしばらく研究しましたが、移転ではないのですね。東京の真宗大学は廃校になったのです。一九一一（明治四十四）年に今の高倉会館がありま す京都の高倉魚棚の地に、真宗大谷大学という名前の各種学校として新たに設立認可を受けている。

宗門の諸事情、そして東京に起こされた真宗大学で育った人材と伝統的な保守体質の高倉大学寮との角逐、そして財政的困難、宗門の末寺からの非難、そういうものが突き上げて、それを利用した政治的圧力があって東京の真宗大学が廃校にさせられている。つまり、現代を担う人材は親鸞聖人の信念を現代の言葉で受け直してから立ち直らなければならないという清沢先生の志願というものは、保守圧力によって一応表向きは無惨にもつぶされたわけです。

その時に曽我先生は真宗大学の教授をしておられたわけですが、同僚の教授方と連座して一緒に辞表を出されて辞められた。これは辞表を出して辞めるというよりも、とにかく廃校にするわけですから、辞めざるを得ないわけですね。全員辞めたわけです。そして郷里に帰られた。いろいろな因縁があって、後に京都で建てられた真宗大谷大学に数名の教授が南条文雄先生と共に後で入っていかれますけれども、曽我先生はそれを受けられなかった。そして一人養子先のお寺で寺役をして時を過ごしておられた。一九一一（明治四十四）年といいますと、曽我先生は一八七五（明治八）年のお生まれですから、三十六歳でしょうか、血気盛んで、学問的にも脂がのっていく時期ですね。その時期に一人郷里に帰られた。その頃の曽我先生の書かれたものを見ますと、自分を理解してくれる友がいない、自分の志願を語り合える友達がいないということを正直に吐露しておられます。よほど辛かったのだろうと思います。その頃から金子先生とのお手紙の呼応があるわけです。

けれども、いわゆる曽我教学といわれるものは、郷里に帰られて、そして一九一六（大正五）年に東京の東洋大学の仏教学の教授として再び東京に出てこられるまでの五年間、あるいは足掛け六年ですか、この間にほとんど骨格ができたように思われます。何故そういうことを思うかというと、それまでの曽我先生は真宗に対する理解として、阿弥陀如来による救済、光明に摂取されて助かる、「念仏衆生摂取不捨」、念仏するところに光が与えられて助かるという信仰で自分は満足しうると思い、そういう形で宗教的体験を得ようとし、また得たと思っていたと。ところが郷里で一人孤独な、ほとんど友のない状況で、まさに自己と対面して、如来と対面して毎日悶々と生活する中で、そういう如来の救いは憧れの救い、憧憬的な救い、つまり『観経』の救いだと。彼方から光が射して、この罪悪の自己を救ってくれる救いを求めていた。現に本当の孤独の苦悩にぶつかった時に、少しも救いにならない、精神的安らぎにならないという毎日の悶々とした生活の中で、一体本当の親鸞聖人の救いとは何かと。

曽我先生は同じ越後の地でおそらく孤独の罪人としての生活を雪の中で送られた親鸞聖人を憶いながら、自己に引き当てて生活しておられた。そこから自分を救うものは、結果となった遥かなる偉大なる阿弥陀如来ではない。今悶々としている自己をみつめて、そういう自己となって荷負って下さるようなものこそが本当の主体である、本当の救いである。こういう直感を得られて、そこから有名な「地上の救主」という論文が発表されるわけです。先に『法華経』の研究あるいは日蓮の研究をする中で、地湧の菩薩を見ておられた曽我先生が現実の孤独感の中から、法蔵菩薩こそ真の地湧の菩薩である。遥か彼方から救いを与えてくださるものでなくして、この煩悩の大地から立ち上がる菩薩こそが本当に自己を救ってくれるということに気付いていかれて、それを続々と論文で『精神界』に発表していかれた。

一九二五（大正十四）年に真宗大谷大学に戻られるまでの間の約十年間、東京で『精神界』の編集を続けられながら、それこそ大変なご苦労をして雑誌を続けていても、読者がどんどん減っていく、同人がどんどん減っていく、そして原稿をいくら頼んでも誰も書いてくれなくなってくる、その中で自分一人だけでも書かなければならない。自分一人で書くのだという大変壮烈な志願、『精神界』と共に死ぬのだといわんばかりの志願をもって、曽我先生が苦労されるけれども、どうしても動かなくなってくる。清沢先生の文章がないということが雑誌としてはつぶれていかざるをえない運命にあったわけです。それで一九一八（大正七）年に廃刊になっていくわけです。

そして宗門事情の中で、真宗大谷大学がはじめは今の高倉会館の地に仮に建てられ、そして上賀茂の地を買い求めて、移転するわけです。一九一二（明治四十五）年から一九一三（大正二）年までかかって建築がなされて移転しますが、その大学が一九二四（大正十三）年脱皮の時を迎えるわけです。つまり各種学校としてそれぞれの宗派が宗教学校を建てていた。それが教育制度が整い、高等教育が日本人の中に普及してくるにつれて、宗門の最高学府である大学としては、やはり文部省令による大学に昇格しなければならないという内外からの要求を受ける。そして、そういう大学にしうる人となると、真宗大谷派としてはおそらく当時の宗政の圧力としては保守の学者を学長にずっと立てたかったのでしょうけれども、南条文雄先生の後、学長をやる人物がない。やむを得ず清沢門下であった佐々木月樵先生に白羽の矢を立てたわけです。引き受けた佐々木月樵先生はヨーロッパを巡視されて、大学というものは一体どういう使命を持ち、どういう形態が一番いいのかをヨーロッパの各地の大学を視察し研究してこられて、日本における宗教大学、宗門が運営する大学としてどういうふうにあるべきかということを根本的に日夜研究されて、そして構想を立てられた。これが有名な「大谷大学樹立の精神」という文章になって残っているものです。

つまり清沢先生の志願は純粋に宗教的人材を養成する、他力の信念をもって自信教人信の誠を尽くすべき人物を養成する大学だと、これははっきりしております。ところが教育の要求あるいは最高学府としての研究的要求を取り込んでくるということになると、ある意味で文化への妥協であります。したがってそれは佐々木月樵先生のような人物でこそなしうる仕事である。

昨日安藤さんからお聞きした話ですけれども、安田先生が三河から出られた人材を評価されて、「佐々木月樵先生は文化に超えた人だ」といわれたと。確かにその通りであって、宗教一本槍という学問ではなかった。もともと曽我先生が「それは佐々木月樵の方法だ」といわれたというように、はじめから学問を学問として、つまり文化の一分野として、その中において、仏教、インド仏教あるいは中国仏教を思想史的に位置づけるという学問関心、そういう一つの学問的視点から位置を構築し直す仕事を佐々木月樵さんがなさったわけで、そういう意味でまさにそういう時期に文部省令による大学に昇格するについてはまさにぴったりの適役であると。その方が学長になられて、思い切った英断をなさったことが、東京から鈴木大拙師を宗教学の教授として招請されたことと、曽我量深師を文部省令による大学の教授として東洋大学から招請されたことです。当然そういうことをすれば、苦々しく思った宗門当局からの圧力は陰に陽にかかる。それが後になって、一九二八（昭和三）年の金子大栄先生の教授追放そして僧籍剝奪事件につながっていくわけです。佐々木月樵先生はそういう圧力の中で大変苦悩されて、五十一、二歳だったかと思いますが、若い命を途中で倒れていかれたわけです。

そういうことで曽我先生が京都に来られた。一九二五（大正十四）年ですから、五十一歳です。三十六、七歳で宗門の大学から離れて五十一歳で復帰されたわけですね。先生は大変長生きされましたから、ずっと大谷大学に因縁があったように思われるかもしれませんが、そうではなくて、野におられた時間の方が長い。一九二五（大正十四）年から一九三〇（昭和五）年まで頑張っておられたのですが、やはりいろいろな圧力を受け教授を退任されます。そして一九四一（昭和十六）年太平洋戦争に入って、もう一度宗門から戻ってほしいと要請が出て大谷大学に戻られる。しかし、また一九四九（昭和二十四）年だったか、戦争責任を問われて、大学から追放される。そして一九六一（昭和三十六）年に今度は学長として八十七歳にして大学に戻られる。こういう変転をしておられるわけです。

曽我教学の根本を受けつぐ

一九二五（大正十四）年に大谷大学に戻られた時に、木場了本という哲学科の教授と金子大栄先生とが中心になって曽我先生のお宅で聞法会を開くことになったわけですね。つまり教授たちが曽我先生から仏教の講義を聞くという場所が設けられた。曽我先生は五十一歳、金子先生は六歳若いとすれば四十五歳です。そして、金子先生はその会の主宰者になられたわけです。その席に安田先生が参加された。そして新しい雑誌を出されたわけです。おそらく曽我先生には『精神界』を継ぐような雑誌という志願があったのだろうと思いますが、因縁について私は安田先生からお聞きする機会を得なかったので大変残念です。

その新しく出た『仏座』という雑誌の圧倒的分量を占める内容が安田先生の論文であった。もちろん曽我先生、金子先生の聴記や短い文章が載っております。けれども、どうも雑誌のできあがった形を見ると、金子先生が一応名前の上では編集発行人であるけれども、一九二五（大正十四）年という と、安田先生は一九〇〇（明治三十三）年のお生まれですから二十五歳にして、曽我、金子というような先生を中心にした雑誌のほとんど実質的責任者となって発行する使命を負っておられたようです。そこに出てくる論文が「縁起法の考察」です。大変な論文ですね。安田先生のそれこそあえぐような思索と情熱の塊がそのまま文章になっているような、ものすごい濃密な文章です。それが雑誌の中心の論文になって世に出ている。その頃のことを安田先生がお述べになったことがあります。曽我先生の七回忌の時です。曽我先生は九十六歳で一九七一（昭和四十六）年にお亡くなりになった。その五年前に鈴木大拙師がやはり九十六歳でお亡くなりになっているのですが、曽我先生が亡くなって大学で法要を営むことができなかった。宗門のごたごたが直接大学にもいろいろな形で及んできますので、追悼法要も一周忌も三回忌も大学としては行うことができなかったのですが、七回忌を松原祐善学長のもとで、ようやく勤めることができたわけです。その時に誰が見ても曽我教学を継ぐ者は安田先生一人しかないということで、安田先生に七回忌法要の講演をお願いに行ったわけです。先生は大変重い顔をされて「いやとはいえないな」とおっしゃって、「はい、わかりました」とはおっしゃらなかった。しかし、何回もお訪ねして、どうぞお願いしますといって、その度に先生は今度はこういう話をしたいということを諄々と私どもにお話しして下さいました。

後に曽我先生七回忌の時にいろいろな方がおっしゃったものを雑華荘厳というか、枯れ木も山の賑わいというか、一冊の本にまとめております。とにかく安田先生が中心ですね。後はあってもちょっとは有り難いというものですけれども、安田先生の講題は「願心の表現的自覚としての信の確立」です。七回忌ですから曽我先生について何かお話ししなければならないということで、だいぶ思索に戸惑いというか、だいぶ苦労された後があるようですが、最後に立つ前に決断をなさっておられて、こういうふうにいっておられます。

「曽我先生の七回忌に当たって、記念のお話を頼まれたのですが、私は皆さんと同様に、先生から長い間ご指導をたまわってきているものである。大谷大学を中心とした狭い範囲で申しましても、先生があらためてこの大学へ来られた時に、最初の講義を受けた学生です」

と。一九二五（大正十四）年に曽我先生が来られて大谷大学で講義をなさった、その第一回の講義に参加された学生であったわけですね。

「学生時代の一回生の時でした。大正の終わりです。そうしたわけで、京都で教えを受けたということに於て一番古いということで、その代表として私が選ばれてお話をするようにということであろうと思います。それはまことにこの上もない光栄なわけです。しかし、先生を語るといっても、先生には既に選集というものがあり、また説教集まで出ており、そういう思想の遺産という形で先生の思想はもはや万人に公開されている。今更ここで私がそれをお話しするということは無用なわけですが、ただその教えの中で、自分としての教えを受けた意味ですね、そういう点をお話しする以外に、私には何もない。つまり自己を語るほかないわけです」

こういうふうに自己確認をされまして、「願心の表現的自覚としての信の確立」というテーマを語っていらっしゃる。

そして、これも私にとって長い間の謎だったのですが、なるほど安田先生は曽我先生に大変大きな影響を受けた。けれども、それがどういう意味なのかということですね。人間的に師弟だということは自他ともに許す判然とした事実ですが、曽我先生をどういう点で安田先生が宗教的なというか、信仰上の師匠として確認しておられているのかは、公開の秘密というか、いくらでも先生はいっておられるのでしょうけれども、私にはどこがそうなのかということがわからなかったわけですね。

そこで、こういうことをいっておられます。

「それで、どういう点に於て私が教えを受けたかというと、それは長い年月に亙っていろいろであり、いってみれば私の全部が先生の教えからたまわったといっていいわけである」

自分の全部が曽我先生の教えであるといっておられる。

安田先生は、飾ってものを語るということは絶対になさらない方ですから、実感を語られたにちがいない。自分の思索は全部曽我先生から来ていると自己確認しておられる。曽我先生は全部が清沢先生の問いの中であったと自己確認していかれる。親鸞にすれば全部法然の教えの中であるということになるわけでしょう。

「その中で特に願生ということですね。本願ともいいますが、如来の願、或いは衆生の自覚という場合には欲生といいますか。如来が我となって我を救う、その我となる場所はどこかというなら、それは欲生または願生ということになる」

曽我先生に教えられた点は願生というところだとおさえて、その一点が曽我先生から思想的に教えられたもっとも深い意義であると。願生が信の成立する根源である。いつでも繰り返し思索される曽我先生のいわゆる曽我教学というものの根本は願生というところにある。こういわれて、願心の表現的自覚としての信ということで、信心の根拠としての願心というものを思索していくことで講演がなされてあります。この講演は私にとっては大変有り難い講演です。

ポール・ティリッヒとの対話

私が安田先生にはじめてお会いしたのは、先生の還暦の年の翌年でした。先生は一九六〇（昭和三十五）年還暦を迎えられたわけですが、その年に世界的に有名な思想家であり神学者であるポール・ティリッヒがたまたまアメリカから日本に来られた。この方が安田先生と信国淳先生と三人で鼎談をされた。そこから「名は単に名にあらず」（安田先生の還暦記念講演のテーマ）が出てきている。ティリッヒとの対話の中で、名前は単なる名前ではない、本願の名告りだと、安田先生は日本語でいわれた。それをディ・マルチノというアメリカ人が翻訳された。それに対してティリッヒが非常に感動された。そして短冊を書かれた。あの火災に遭われたお宅に飾っておられました。この短冊を先生は大変大切にしておられた。火災に遭って焼けてしまって大変惜しいことをしたと思うのですが、私はそれ以降に先生にお会いしたわけです。

名号というところに願心が自己を表現することができた。願心が自己を表現することによって衆生の上に大慈悲心が実りをもつことができた。大慈悲心はどこから出るかといえば、一如から出るのだと。従如来生の如が如そのままでは衆生の上に現実化されることができない。現実化されることができない如が願心というものを生み出した時に願心を通して、苦悩する衆生に一如の静けさというものを開くことができる。一如の静けさを衆生の上に開かせる唯一の方法が如来の表現の名告りである。

こういうふうに親鸞教学の名号の意味を安田先生がティリッヒに語られた時に、ティリッヒがそれにうなずいたと。そしてティリッヒとの対談で出てきたのは、業という問題ですね。誰に聞いてもよくわからないといって、ティリッヒが業とは何だということを質問しておられる。それに対して業というのはもともとは神話である。インド人のもった神話、つまり前世の業が今のいのちに報いて、今人間に生まれるか馬に生まれるかというのは、前のいのちの時の倫理的責任が次の六道のいのちを引いてくると。繰り返し次のいのちへ責任が及んでいって、次のいのちにどういう生活をするかは、今の行為の結果であるという神話である。

けれども、それはそれで神話ならいいけれども、どういう意味だということをティリッヒが質問される。それに対して安田先生は人間の存在には自由と運命との両面がある。矛盾する両面をもって現にここに実存するもの、自由と運命とを荷負って生きるものが人間の実相だと。全部自由だというわけでない。かといって全部運命だというわけでない。そういう意味が業という思想にあるのだ。こういうお話をされるわけです。それにティリッヒが大変深く感動をされて、対談して有り難かったと帰っていかれるのですね。先生にとっては自分が一代思索してこられた仏教思想の主体的な思索がヨーロッパ人にわかるのだという、何というか諸仏証誠ですね。現に西洋の一流の思想家が自分の思想にうなずいてくれたという大変力強いものをお感じになったのではないかと思うのです。

先生の思索には、唯識の講義の中にもあるいは真宗関係の聖教についてもあるいは『浄土論』の解釈の中にも、大変縦横無尽な思想的な交流があるわけです。その根は曽我先生から来ている。曽我先生の独自の思想というものが当然安田先生の栄養というか思索の糧になっていることは疑えないところだろうと思います。さらに安田先生は大変な勉強家であられたわけで、無数の思想家というものを学ばれながら、『大無量寿経』の宗教的救済あるいは自覚をくぐった救済の意味を明らかにしていただいたわけだろうと思います。

単に教理学としての解明でなくして、いつでも仏教の原点に帰って再出発されるというところからものを考えていた。いわゆる真宗教学で願というと『大無量寿経』に語られている本願、阿弥陀如来の願として、高いところから衆生を救うためにおりてくるような願というニュアンスをもっているのですが、それを先生は一如の願という形で語られる。つまり我執にとらわれた人間、執着に悩む人間というのが人間の事実である。人間存在は執着を持っている、それを自覚するにしろ無自覚にしろ、とにかく執着を持っているがゆえに悩んでいる。迷いの根は執にある。そこに立って、迷っている現実を迷っているままに、迷っているものを迷っているものと明らかに見る智慧というものを回復する、これが仏教の根本的な態度であると。それを曽我先生は自証といわれるわけです。

一般に浄土真宗というと、キリスト教の焼き直しというか、一神教のようであるけれども、まだ汎神教的な名残りを残した未成熟な宗教と、大体ヨーロッパ人は考えるようです。それに対して浄土真宗が宗教そのものとして純粋に立ちうるかという重いテーマが曽我先生にもあった。人間の真実への要求、根源的要求として、自己が自己でありたい、本当に自由な自己でありたい、解放された自己でありたい、あるいは本当に満ち足りた自己でありたいという、もやもやとしていてはっきりはしないけれども、何かいつでも突き上げてくるような深い祈りみたいなものを人間存在は持っている。それを仏教の道理において明らかにしたい。仏陀の説法、仏陀の悟りが普遍的人類の救済の方法を教えている、それを自分において確認する。その確認を非常に主体的に自分でいつでも考え抜いていかれたのが安田先生の態度だったのだろうと私はいただいているのです。

普遍的人間学の追究

立場が単に真宗学とか仏教学とか唯識学とかいうのでない、人間学だということを先生はいわれましたけれども、人間が本当に人間であることを確認できるような思想という非常に普遍的なものを主体的に明らかにする。こういうことで先生のお言葉を表現の上からだけ聞いていると、安田哲学とか安田仏教学とかいえるような独特の思想であり表現である。どこにもない思想であるといってもいいような面を持っている。けれども、どこにもないものを打ち立てようというのは、自分の迷いを超えることが人類普遍の道でもありうるのだという普遍の場所において自分の願いを明らかにしたいという祈りのような要求ですね。

先生の願心が親鸞の語る本願の信心において本当に実ったのでしょう。おそらく表の先生の講義とか表現とかを読んでいて、これが親鸞聖人の信心であるとはっきり知るというためには、よほど読み抜かないとわからないように思います。何がテーマなのか、何が先生にとって一番根本関心かはなかなかよくわからない。一つ一つのお言葉とか、先生の非常に生き生きとした現実感覚というか、非常に鋭い現実関心がおありだったようですから、それこそ新聞というものはすみからすみまで毎日読んでいて、先生の文化時評というか政治批評というか、そこには大変鋭い生き生きとしたものがありました。

そういうことですから、先生の書物はどこを読んでも面白い。先生自身が「暇つぶしにやってるのでないのだ。血が吹き出るような思索をするのだ」といっておられたように、どこを取っても生きている。その生きているのは、単に頭のよさがひらめいて語っているのでなくて、いつでも人間の苦悩の底に根を据えながら発想が出て来ている。そこに大変打たれる。

先生のお言葉はちんぷんかんぷんで何のことやらわからないということが私も長い間ありましたし、いまだにわからないところがありますけれども、わかって感動するのでなく、わからないながら感動できるというのは、生きている仏法がそこにあるからですね。本願が抽象的な理念でなくして、まさに先生の中で生き生きと宗教的要求が動いて言葉を生んでいますから、そこに私どものような者がお話を聞くというと感ずるところがある。

そういうことで、先生の言葉を読むときに非常に厳しい自己否定があるということを忘れてはならないということですね。単に独自の教学を打ち立てたい願いでなくして、先生の場合には人類普遍の思想を通して自己の主体を確立するという願いになっていましたから、仏法の根本の願いである我執からの脱却つまり解脱をくぐった大涅槃を主体化するための悪戦苦闘が、まさに先生の全存在を挙げての我執との闘いであった。

安田先生が「親鸞の教学は暇つぶしの学問でないのだ。いわば闘いの教学なのだ」といわれたことがあります。

「それは思想戦だったのだ。その当時の教理学、教義学、聖道仏教、浄土門の教学、そういうものに対して全存在を挙げた闘いだったのだ」

とおっしゃったことがありますが、安田先生の思想は難しいけれども読める。けれども、皆さん方、先生の講義に参加された方はおわかりかと思いますが、先生の講義ほど筆録しにくいものはないわけですね。安田先生はよくいっておられましたが、「金子先生は非常に頭のいい方で、あの方はもう講義そのままが書物になる。わしのはあかんねえ」といっておられました。

言葉を生まんがために、つまずきつまずき言葉を出そうとする。いつでも一念一念、新たにして、人間の現実の迷いの中に切り込んでいく言葉を確認していく。先生自身が親鸞の「竊かにこの心を推するに」の「推」という字をおさえられて、思想というけれども、この字は推すという字だ。全ての体力をかけて推していくのだ。体力のない時には思想は動かない。病気をされたときの言葉でしたけれども、つくづく体力がないと思想ができないということをいっておられました。その時は何をいっておられるのか、わたしはわからなかったのです。

自己否定を根底とする思想

体力がいるという意味は自己批判をする。自己批判、自己否定をすることは大変大きなエネルギーがいると思うのです。聴聞するのに自己肯定をするというのならば、たいして努力もいらない。まあまあ積み重なっていくのでいいのですけれども、自分が自分を否定するようなものをいただくということは、大変ある意味で辛いし大変重いわけです。それがしかし仏教の本領である。これに触れないでいくら聴聞しても学問しても何にもならない。曽我先生のものにも、安田先生のものにもあるのですけれど、単に構築していくという能動的な方向性をもっているその根に非常に厳しい自己批判がある。

これがつまり一如から来る願ということで、一如から来る願というのは我々の立っている我執の意欲の立場を根本からいつでも批判してくる根を持っていて、これに触れるということは辛いことなのですね。しかし、これに触れなければ人間は救われない。けれども、これに触れるということは、我執の立場からすると、こんな辛いことはない。安田先生が恐いという方がありましたけれども、つまり一如から出る言葉ほど恐いものはない。我執の立場というか、自我心の立場、自己を保全する立場で、思想的に聞こうとか、文化的に聞こうとか、学問的に聞こうとかいう関心であったら、先生のお言葉はやはり聞けない。

先生の仏道の意欲、思想の意欲は私どもにはなかなかわからないところがあるのですけれども、本願の思想を単なる救済の願でなくして自証の願だと曽我先生がいわれて、親鸞聖人の学問の一つの特質は本願による自己批判つまり三願転入であるということを仰せられるわけですが、徹底して我執の徒でしかない人間存在はどんなに教えを聞いても、一如の言葉を聞いても、浄法界等流の教法を聞いても自己肯定の論理としてしか聞いていかない。

自分を武装し、自分に鎧をつけ、自分に教養をつけ、そして我慢勝他の心で、他人をやっつけたり他人を説得したりする論理としてしか仏法を聞こうとしないような、深い意味の我執の存在ですね。これを根源的に批判することは人間の立場ではできない。つまり本当に自己否定をする能力というかエネルギーは、自己自身の持っている力の中にはない。自己の根源の根を殺すものは、自己の根源の根を植えている大地にしかない。こういうところに親鸞教学の偉大なる意味がある。

つまり他力という意味は、外から起こってくる他力ではない。本当に迷いの自己を根源的に批判せしめる力こそ他力なのだ。自分の全能力を超えたような能力、自分の全存在の力を超越するようなエネルギーは、自分の内にあるけれども自分を超えている。自分の内から自分で取り出せるものでない。そこに先生の仏道の根本の、我執を超えるつまり大涅槃を得たいという要求が一旦親鸞聖人の信仰をくぐることを通さずしては成就し得ない。

「縁起法の考察」という若い時代の先生の論文が一貫して、我執からの超克、無我ということを縁起として明らかにした。縁起を論理として、道理として明らかにしたのが仏教であるということで、この縁起法が唯識の阿頼耶縁起まで来た。そこではじめて本当の意味の実存的主体が無我なるままに迷っているという実相を明らかにすることができたと。こういうことをいっておられる。その若い時代の論文の中には、本願の名号の信念なくしては縁起法が成就しないという発言はないのですね。けれども、先生の「縁起法の考察」を読んでいると、そこに必然とせざるを得ない方向性、もがきながら思索していく者が曽我先生に出会って、そこに行かざるを得ない方向性があるのだと私は教えられました。

自己の根源を要求する願生心

安田先生の思想的な関心というのは、洋の東西を問わず、人間存在を根源的におさえるような思想あるいは言葉を敏感に自己の思索の糧とされて、単につまみ食いというようなものではもちろんない。先生の場合は哲学者なら哲学者の思想を大変根源的に見抜かれた上で、そしてさらに自分の思想の言葉にし直して思索しておられました。先生の大変な読書量というか、読書することが先生の生活であるような、その生活に対して学生としてはうらやましいというか、よくできるなあというところから先生にお尋ねしたことがあるのですが、「先生はどういう意味でそんなに本を読まれるのですか。本を読みながらものを考えるのですか、どうするのですか」とお尋ねしたら、先生は、「本を読むことは人の話を読むのだから、何にも疲れない。けれども本を読むことは思想の材料である。思想が疲れるのだ」

といっておられました。私などは人のものを読むのは大変くたびれるし、難しい哲学の書物などは読むだけで頭が痛くなるものですから、不思議な人がいるものだと思ったのですけれど。

先生の体力の置き場所は、自分を明らかにするところにある。人の語っている言葉はまあ遊びというか、それはそれとして聞いて、それによって与えられた材料をもって自分を思索するということであったようです。

ご承知のように、先生は本当に唯識にほれこんで、いつでも唯識から一歩も離れずにあらゆる思想を考えていかれた。唯識は人間存在の実相をいつでも根源的に見据えている。迷い悩める存在としての衆生を自己解釈的にでなくて、いつでも普遍的に同じく苦悩せる存在としての衆生の一人が自己である。自己だけが悩んでいるのでない。自己だけが自己の特殊な苦悩を悩んでいるのでない。衆生の存在の一人として悩んでいる。この迷える衆生の意識の構造を解明したところに唯識論のすぐれた点があるわけです。

その迷いの構造を解明し、人間の根源的要求は宗教的な自覚である。宗教的存在ということを「存在論的に」といういい方をしておられました。ハイデッガーの言葉から来ているわけですけれども、オンティッシュ（存在的 ontisch）にでなくてオントロギッシュ（存在論的 ontologisch）にと、つまり存在の相を通して存在の法性を明らかにする。存在の法性は存在の実相を厳密に解明することを通して否定的に明らかにされる。つまり認識論的に認識の内容として悟りを明らかにするというのでなく、認識対象として考えるのでなく、存在している在り方を実相として解明するということを大事にされた。

一如が本当の存在の根源として衆生の内に自覚されるという意味で、それは存在の故郷である。存在の故郷を願わずにおれないというのが願生である。願生心は単に外のユートピアを要求するのでなくして、人間の根源を要求する、自己自身の根源を要求するのだというのが安田先生の強烈な主張であったようであります。

ですから、当然いわゆる『観経的』な浄土教を主流にしてきた伝統教学の中にあっては、つまりこの世で念仏して死んでからお浄土というような図式化の中で安んじていた伝統宗学にとっては異安心ということにならざるを得ないわけです。けれども、安田先生がなさろうとした仕事は決して安田先生の個人関心でなくて曽我先生もそうであるし、清沢先生もそうであるし、より根源的には親鸞聖人がそうであったように、単に経文の言葉をユートピアの表現でなくて、人間存在の根源的要求の表現としていただくことである。つまり宗教の言葉は宗教的要求の象徴である。経文の言葉は経文通りに実在することをいうのでない。経文の言葉は宗教心の象徴である。これが曽我先生の主張です。

実は親鸞聖人があの死後往生的な『観経』の圧倒的な勢力の中にあって、信心一つのところに浄土真宗が成り立つといわれた。安田先生はしばしば非神話化といわれました。つまり神話的な表現で救われるのでない。神話は救われた世界を表現する。救われた宗教体験を表現する時に神話的な表現を取るのであって、神話がそのまま救いでない。神話がどういう存在構造を持っているかをひとたび解明することを通さずしては、救いは衆生のものにならない。

神話が神話的に我々にとって生き生きとなるということは、悲しいかな近代以降の人間にとっては不可能である。親鸞聖人のすごさはあの中世の時代にあって、つまり神話がそのまま実在と地続きになっていて、村から一歩出れば幽霊の世界であり、夜と昼とが混ざっているような神話的な世界に生きてきた中世の時代にあって、あれだけ主体的に言葉を仏法の要求あるいは願心の要求において確認していったというところにある。法然上人のものを読んでいると、まだ神話が神話的に語られてある。

法然上人の中には非常に純粋な宗教的表現があって感動もしますけれども、神話の言葉が神話的に語られてあるところが多いのです。

ところが親鸞聖人の仮名聖教、ましてや『教行信証』などに至っては、ほとんど神話を神話のままにうなずくというような形を取られない。親鸞聖人のような宗教感覚の方ですから、当然神話は神話でうなずくこともできたにちがいない。けれども、そこに止めないで、いつでも神話的表現をひとたび自己の主体のうなずきにかえして表現し直すというすごい仕事をされておられるわけです。

それで、安田先生の思想も決して安田先生がはじめてというか、自分の野望でやったわけではない。本当の意味の仏道はいつでもそうである。親鸞がはじめかというと、そうでない。実は天親菩薩がそうであった。『大無量寿経』を読んで『願生偈』を書いた。あの時に非神話化が成り立っている。つまり『願生偈』は『大無量寿経』の歴史的表現である、一心つまり信心となって実った本願の表現であると、安田先生はいわれます。

ですから、神話として語られた経典が人間に上に生きたときには、生きた言葉は神話ともなるけれども、神話は教学ではない。思想とするときには、神話をひとたび非神話化して主体の領解をくぐって、つまり意味を解明して、存在の迷える実相の中に、いかにして一如の平安なる寂静の志願が現前してくるのかという一点において、自己を解明する言葉として、いつでも受け止め直していく。そこに教学あるいは思想の使命がある。安田先生はどうもそこに自分の仕事をおかれて、そこに全力を挙げて命をかけて思索していかれたように思われます。

近代教学の根底に流れる課題

先生がよく使われた言葉に「魂」という言葉があります。根源的意欲、宗教的意欲です。ドイツ語の「ヴォレン」（wollen）という言葉を先生は愛しておられましたが、迷える存在である我々はつい惰眠に堕していく、なるべく楽な方に行こうとする。そういう煩悩の意欲を破って、存在を突き破って発起するものが欲生心である。実は本当に人間が願っているのは、清浄な平安な充足した人生だろう。人生の意味つまり本当にここに自分自身を自分自身で満足成就しうるものこそ実は求めている。ところが、人間が要求する表に出た形はいわばそれを否定する形で出て来ている。人間の意欲の形は直接的に清浄意欲として誕生せずに、邪偽、雑毒、雑心という形でしか現象しない。けれども、それはそのままには成就していかない。それを魂の要求として、魂という言葉も迷える魂ということもあるわけで誤解が生じうるわけですが、我執を破って本当に解放されたいという要求、それこそ人間の魂である。魂を本当に解放したいという要求こそ、願生の要求である。その願生の要求を、聞法し内観反省を通して明らかにしていくことにこそ、我々の使命があるのだと。

この「願心の表現的自覚としての信の確立」というテーマの講演の中で、面白いことをいっておられます。人間は迷っている存在である。けれども、迷っている存在というところに使命がある。迷える煩悩の衆生ということが人間の分限である。その分限というところに、雁字搦めに縛られた業報を生きる人間であるがゆえに、使命がある。こういういい方をされて「いずれの行もおよびがたき身」という、その身分を本当に自覚するというういい方をしておられますね。

仏教学というけれども、学問の問いの根は学問を超えている問いだと。つまり解脱したいという要求は学問的要求ではないわけです。学問的要求は知識欲、あるいは思想的なものを構築したいという野心であって、実はその根はむしろそういう野心をも打ち砕くような願心にある。その願心を持つのは迷える衆生なのだ。迷える衆生にこそが目覚める資格がある。

「流転している人間には、目覚めるという重要な使命が与えられているのである。何故目覚め得ないかというと、主観の側に目覚めることを障えている深い固執がある、理由なき妄執があるからなのです。しかも同時に目覚め得る機会の与えられているのが人間である。それが人間に与えられた使命である、目覚める使命がある。それからいえば貴重でしょう。偉いのではないが、貴重なのです。流転し苦悩していることには貴重な意味がある。」

こういわれまして、流転し苦悩せる衆生を勇気づけておられます。

清沢先生の「迷悶者の安慰」という有名な文章の中に、迷い悶える者の安らぎへの要求こそが宗教的要求であるとあります。そういう要求を単に個人的な逸楽あるいは休息への意欲に止めず、それを純粋一如なる如来の衆生を救済せんがための祈りの場所として、一如が自己を表現する場所として、迷悶者の休息への要求を転じる。しかし、願生というものがともすれば倫理的道徳的に成就しようとしたり、あるいはたとえ本願を信じても閉鎖的な安逸や自己にのみ蓄積する善根の努力への名号となって、自己閉鎖的な成就を形作っていくのが人間的宗教心の表現です。

そういう人間の努力が人間の救いを作ろうとするのを突破して、清沢先生のお言葉にあった「大変骨が折れた」ということは、つまり自分が自分で破ろうとする悶え、自分の苦悩を自分が超えようとするもがきがくたびれ果てて、そして本願の大地に身を投げたときに、苦悶する自己を法蔵菩薩の意欲が立ち上がらせてくる。そこに迷える衆生の根から、迷える衆生が迷いを超えたいという意欲をもって自己否定を通して立ち上がってくるときにはじめて人間が救われる。

法蔵菩薩の精神として、『成唯識論』から取られたお言葉である「摂為自体、共同安危」を読みとられた。つまり阿頼耶識を表現する言葉を法蔵菩薩の言葉として解明された。衆生の苦悩をもって自己となし、衆生の迷いをもって自分の内容として、そして聞法思惟して立ち上がっていく。そういう宗教的主体として如来を仰ぐ。これが実は清沢満之の「我が信ずることができる、信ぜざるを得ざる能力の根本本体」というものに響いている。この能力こそ阿頼耶識である、あるいは『大無量寿経』でいう法蔵菩薩であるという形で曽我先生が解明された。

そこをさらに安田先生は唯識の論理を離れずして、それに照らしながら本願の道理を思索していかれたのではないかと思います。つまり安田先生のテーマは仏道のテーマであるけれども、具体的にはやはり清沢先生のテーマを引き継いでおられる。こういうように私としてはうなずけたわけです。

清沢先生の直門といえば、曽我先生が最後であって後は面授の弟子はおられないわけですが、本当に清沢先生の志願を生き生きと生きて下さったのが安田先生であるように思われます。寺川俊昭先生の『清沢満之論』の序文を、皆様方も読まれたかと思いますが、あの序文で大谷大学に掛かっている清沢満之の額を見て、安田先生は「何と暗い顔であろう」と「暗い顔」というふうに見られたのですね。いわれるとなるほど大変厳粛な人生に堪えているような顔をしておられます。その顔を見られて、安田先生は「キリストである、十字架を背負ったキリストというのが、清沢先生にふさわしい名前だ」といわれて、十字架を背負ったキリストの意味を人生の業苦を背負って、じっとそれに堪えて、そして宗教的意欲に解放されていったとみる。安田先生のいう「あえぐように思索した」清沢先生の本領を安田先生も生きておられたのだなあとつくづく思わせられます。

私なんか先生のお宅へ行きますというと、何時間でもお話をお聞きした。学生の頃はひどいもので夕方から行って夜が更けるまで、京都のはずれの上賀茂のすぐきの畑の真ん中に一軒家みたいにしてあるお宅に訪ねていって、夏は夜が更けるまで、蛙の声が一晩中なき続けているような中で、先生の身業説法をいただきました。口業説法と同時に大変に有り難くいただいたことが思われます。

先生の言葉の一つ一つには、先生が実存的思惟を通して闘い取ってきた宗教的な感動をもって、人生の業苦の中で獲得された言葉が叫んでいた。それなのに、私どもは馬の耳に念仏のような聴聞をしてきて、申し訳ないという気がしきりにいたします。

願心の自己純化という言葉があります。人間の上に宗教的要求が満足するのは、願心が自己自身を純化する道程である。本願自身が本願にならんがために人間の上で時間をかけるのだ。つまり時が熟するのだ。時熟です。そういう時が熟するまで本願自身が苦闘し、闘う場所こそ我らが煩悩の身である。我らの煩悩の身において本願自身が自己を証明すべく、逆にいえば我らが如来の本願を証明することによって如来が助かるべく、如来が衆生を助けるのでなく、衆生が如来を助けるのだ。衆生が如来を助けるべく、我らの上で願心が自己を純化すべく闘うことこそが聴聞の道だともいっておられます。煩悩の身が阿頼耶識の名告りのもとに立ち直っていくという先生の願生心の叫びのような力強い説法獅子吼をお聞きしたことです。

そして、先生のお言葉を憶い起こすとき、大変勇気づけられる。これはやはり私どもが煩悩の身だからといって、ひねくれてみたり、縮まってみたり、あるいはこのくらいの能力だからといってあきらめてみたり、それこそコンプレックスの塊みたいな人生を、願心に立つときにそれを超克できるのだ。本願に立つなら、いただいた身で十分だ。本願のいのちに立つときに、ここにいのちがあることが本当に有り難いのだといえるような本当の願生心ですね。願生心をもつということは、何も難しい心をもつのでない。本当の自己の満足を、自己の充実を、コンプレックスの超越を要求する。そういう要求、つまり人間の具体的な要求の根源、根源というのは抽象理念でなく、根源的要求こそ真の具体的要求である。その要求の表現として三経七祖の言葉を、先生の体力をかけた思惟の中で語って下さってあるのだといただくことができます。

先生のことを憶いながら、こうして皆さんに語るのは私には大変辛いことであり、能力もありません。しかし、使命として煩悩の身の一人ひとりが如来本願の表現というものを主体化するまでは助からない。こういうことで皆さんと共に、安田先生の願いとしていただいていきたいと思うことです。

三　信心の現代化

如来表現の範疇としての三心観

近代教学の系譜として清沢先生、曽我先生、安田先生、そういう方々に一貫するいわゆる近代教学の中心問題に絞って、しかもそれを『我が信念』ということを手がかりにして、ある意味で非常に限定した視点から考えてみたわけです。智慧と慈悲と能力の三つの視点から懇切丁寧に書かれた「我が信念」の表現、何でもないように書かれてある清沢先生の「我が信念」の三つの要素が、実はどうも親鸞聖人が「信巻」で第十八願の意味を解明された内容と呼応しているというか、それを明らかに念頭に置きながら、清沢先生は「我が信念」を書かれたのではないかというように思われてなりません。

それで、私どもの信念を考える、あるいはそれを確立していくについて、その「我が信念」と親鸞聖人の「信巻」とをつきあわせて、少し問題を探れないかということが思われるわけです。

如来を信ずる力、あるいは信ぜざるを得ざる能力とは何か、人間をして人間たらしめる根本能力とは何か。これを曽我先生は存在をして存在たらしめている根本意欲あるいは根本意識というか、阿頼耶識こそが法蔵菩薩であるというように理解していかれたわけです。その智慧と慈悲と能力とを総合して、我らの生活を照らす智慧の光となり、我らの迷いをはらす慈悲の喜びとなり、そして我らの生活を支える勇気となるような智慧と慈悲と能力との総合主体を信ぜずにおれないといったときに、これも有名な論文でちょうど金子先生が「浄土の観念」という講話をなされて、その講話が異安心問題の手がかりになったわけですけれども、それとほぼ同時期に曽我先生がお書きになった「如来表現の範疇としての三心観」という論文があります。これも講話の整理です。これがやはり異安心問題に取り上げられたそうですが、これが異安心だということを教義的に立証しうる学者がいなかったので、曽我先生は異安心らしいけれども、異安心と決めつけることができなかったということを聞いております。

その「如来表現の範疇としての三心観」では、如来が衆生の上に自覚となる。衆生が自らの意識の根源において、迷いを超えた意識自体を自覚してくる。自証とおっしゃいますが、衆生の迷いの意識を超えて衆生の意識の中に如来の願心を成就せしめる、そういう自証の歩み、先ほどもちょっとお話ししました願心自身の自己成就としての信心を、親鸞聖人は自分の意識から起こったものでなくて、確かに如来の心であるということを確認していかれた。

『大無量寿経』の三心、普通に読めばとても三心と読めないわけで、第十八願の「たとい我、仏を得んに、十方衆生、心を至し信楽して我が国に生まれんと欲うて、乃至十念せん。唯五逆と正法を誹謗せんをば除く」の「心を至し信楽して我が国に生まれんと欲え」という言葉を『観無量寿経』の三心、つまり至誠心、深心、回向発願心という三心と相照らして、『観無量寿経』の三心を成就するものが『大経』の三心である。『大経』の三心において『観無量寿経』の三心というものが、自力から他力へ通入する心としての位置を持ち、そして『大経』の本願において如来の願心が衆生の自覚となって成就すると明らかにしていかれたわけです。

曽我先生は至心信楽欲生の三心を、如来が自己を表現する範疇とおさえられて、それを阿頼耶識の三相に呼応せしめて思索されたのです。阿頼耶識の三相とは、果相と自相と因相です。『唯識三十頌』の一番はじめに出てきまして、「阿頼耶識なり、異熟なり、一切種なり」といわれて、「異熟にして一切種なる阿頼耶識」と、それを自相、果相、因相というように呼んでいます。阿頼耶という名前が自相である。蔵という意味を持っているそうですが、その蔵という意味に、いろいろな解釈がありまして、能蔵、所蔵、執蔵という解釈をしてきます。

その蔵という意味を持った阿頼耶識、阿頼耶なる識は、一人ひとりの人間の主体を言い当てる言葉なのです。無明の衆生の一人ひとりは何故このような自己として今ここにあるのか。「君と俺とは平等で、どちらも無我だ」といってみても、違った身体や性格をもって、違った環境を生きているという事実があります。平等の無我だといってみても、現実に一人ひとりは異なって取り替えることができない。何年に生まれて、何年生きて、どういう行為、どういう生活をして死んでいくという点では決して繰り返すことがない、その人独自の真似することのできないいのちを生きているという厳粛な事実がある。しかもこのいのちは過去に帰ることができない。非常に厳粛な一時一時を生きているという事実がある。これを仏教でどう説明するのかという問題があって、つまり人間の実相の存在根拠を解明せんがために、どうしても考えなければならない意識として、阿頼耶という意識を見出してきたといわれますが、その阿頼耶なる識が一方に果相としてある。

果相という意味はこの現実の人間存在は必ず過去の生活歴を負っているということです。突如ポッと誰かがあるというわけでない。これはもう不可思議なる兆載永劫の過去を負っているとしかいいえないような過去を負って今ある。自分でどういう生活をしたから、今ここにこうあるのだというように関係がはっきりとわかるのではない。一切の過去の薫習である。薫習とは蓄積された過去の記憶、記憶といっても意識の記憶だけでない、身体となり血となり肉となっているような記憶です。意識的に記憶しているのは、記憶力の一部であって、どういう過去の生活を経てきたかは、不可思議兆載永劫の過去であってわからないのが現実の阿頼耶の果相である。

そういうふうにいわなければ、わからないような人間存在であるわけです。何で自分はこうしてここにいるのかという問いは苦悩から起こるわけです。楽しいときにはそんな問いを起こさない。辛い人生、いやな人生、逃げたい人生に直面したときに、何で自分はこんな自分でなければならないのかという問いが起こるわけです。それを本当に説明してくるものは、果相という教えしかない。つまり不可思議兆載永劫の自己の生活歴が今ここにこうしてあるのだというしか納得のしようがない。そういうところを果相というわけです。

人間存在はこの経験の生活の過去を背負うのと同時に、どういう行為をこれからしていくかは無限の可能性がある。どういう行為に出るかという可能性は縁の催しによって無限の可能性がある。つまりどんなに善根を積んできた人間でも、ふと魔がさせば殺人をも犯しかねない。あるいはどんなに悪事をはたらいてきた人間であろうとも、ふと因縁が催せば、仏法の心に発心する可能性ももっている。そういう意味で異熟、異にして熟したるものとは、善悪の行為が必ずしも現在には善悪の行為としてあらわに出ているわけでない。善悪の行為の人間生活を可能性として経験の中に蓄積したものが、可能性つまり種となって存在にあるということです。今どういうことを思うかということは自分で決めるわけにいかない。今これからどういう行為に出ていくかということもわからない。そういう可能性は無限に開けている。そういう意味で、阿頼耶という思想においてはじめて無限の過去の生活歴、そういう意味で宿世の業縁といわれるような過去の背景と、そして現在から未来へ向かっての行為の可能性をはらんだ自由な存在、それが阿頼耶であると。それで果相と因相、その二相を孕んだものが自相である。だから一体二相といってもよい。一体が二相として自覚される。それを三相としておさえる。三相として人間存在をおさえているのが唯識の教説であるわけです。

それに突飛なようですけれども、実は如来の三心つまり至心信楽欲生は単に如来の心というのでない。如来が衆生の上に自覚とならんがために不可思議兆載永劫の修行を通して本願成就したといわれる。この本願成就の信心を至心信楽欲生我国と教えてくださる。それはつまり衆生の自覚となる心ですから、衆生の根本構造である阿頼耶の三相と呼応するものだということで、曽我先生が「如来表現の範疇としての三心観」ということをいわれたわけです。大変わかりにくい、難しい論文ですけれども、大変教えられるところがある。

如来の三心と阿頼耶の三相

果相とは、結果が蓄積されてあることで、それを親鸞聖人の三心の釈のうちの至心釈でみると、

一切の群生海、無始よりこのかた乃至今日今時に至るまで、穢悪汚染にして清浄の心なし。虚仮諂偽にして真実の心なし。ここをもって如来、一切苦悩の衆生海を悲憫して、不可思議兆載永劫において、菩薩の行を行じたまいし時、三業の所修、一念・一刹那も清浄ならざることなし、真心ならざることなし。（真宗聖典、東本願寺出版部《以下聖典とする》二二五頁）

といわれて、真実心を衆生の上に成就せんがために、如来が不可思議兆載の時をかけて修行をしたもうと、解釈をしておられる。

名号を体として如来の願心が表現して名告りとなって衆生に呼びかける。仏法がはたらく名となって、我々の口業の上に表現される。口業のみではありません。三業といった方がいいのかもしれませんが、我々の行為の中に如来願心が回向表現してくることを通して、如来の至心が我々の上に恵まれる。このことの意味ですね。

天親菩薩が『浄土論』で「世尊我一心帰命尽十方無碍光如来願生安楽国」といわれた。そこで曇鸞大師が「何所依　何故依　云何依」の三つの問いを起こされたことはご承知かと思います。

話が横へ飛びますが、曇鸞が出した三つの釈を用いられて金子先生が『真宗学序説』という講演をされたのが一九二四（大正十三）年です。ちょうど佐々木月樵先生が文部省令による大学という大構想を打ち立てられたときに、近代のいわゆる学問つまり対象を厳密に研究することをもって学とするという一般的学問、大学における普遍的な学として認められるような学問に伍して、はたして宗学が学問といいうるかという大変困難な問題があった。宗学は安心というか、宗教心を教養として考えているのだから、本当の意味での近代の学問つまり対象を研究し、対象の法則を明らかにするような学問とはなり得ないのではないかという問いはいまだにあるわけです。驚くなかれ今の大谷大学の教授の圧倒的多数は真宗学は学問でないと思っているのですからね。そういう中にあって文部省の官僚に対して、真宗を学ぶことは大学の学問であると説得しなければ、講座を開くことができない。それで、そういう課題を受けて金子先生が真宗学とは何かというテーマのもとに講演なさったものが、文栄堂から『真宗学序説』として出版されています。

そこにこの三つが使われている。「何所依　何故依　云何依」と。何を依り処とするのか、つまり対象です。何故依るのか、動機。そして、云何依、方法。対象と動機と方法の三つを充足して学問という。しかも真宗学はこの三つを十分に充足していることを論証せられたのが、金子先生の『真宗学序説』という書物です。

話はまったく横へそれましたが、それに照らして考えますと、成上起下の文といわれる『浄土論』の「我依修多羅真実功徳相説願偈総持与仏教相応」、つまり「我、修多羅、真実功徳の相に依って、願偈を説いて総持して、仏教と相応す」という言葉があります。修多羅に依る、つまり経典に依る。経典の言葉は真理の言葉ですから、真理に依る。それは修多羅真実功徳の相なるが故に依るのだといっているわけです。そして仏教と相応しよう。こういう三つの依り処として語られてある。たまたまこの三つの依り処が人間の上に成就することとして「我一心」がおさえられている。三つの要素を具足して成就する。

それが『観無量寿経』では至誠心、深心、回向発願心の三つの要素となって教えられてある。それを通して親鸞聖人は至心信楽欲生というところに、如来が三心を持って衆生の上に真実を恵もうとしたといわれるのです。

「竊かにこの心を推するに、一切の群生海」という言葉からいわゆる三心の仏意釈が始まっています。そこで曽我先生は「一切の群生海」という言葉に注目されまして、親鸞聖人は信心を反省するについて、「私の心は」といわれない、「一切群生海」の心として考えられる。信楽釈では「無始より已来、一切群生海、無明海に流転し」といわれる。そういうふうに無明の闇、流転している現実は一切群生海の事実である。一切群生海に対して如来が呼びかけたもうた。一切群生海として自己を知るというところに信心の第一の心が開かれてくる。善導大師の『観経』の至誠心の解釈に対応して、至心が真実心だといわれるわけですが、虚偽諂曲の心、偽りの心、へつらいの心しかない人間の上に起こる真実というけれども、虚偽諂曲の心に覆われてあるような心でしかない。そこをくぐって如来が真実を衆生の上に恵まんとする。

清沢先生は慈悲の効能について、人生の上に生きていて、なにがしかの喜び、心の有り難さはいろいろな形で得ることができるけれども、信念の幸恵、信念の幸いに勝るものはないといわれる。我々は人生を幸せにするためには、豊かで、そして自分の体も子どもの体も健康で幸福でというように、つまり目前の生活の中での安楽を求め続けているわけですが、それが虚偽諂曲である証拠には、その願った豊かさが与えられ、健康性が恵まれ、なにがしかの子どもに恵まれて、それで満足成就するかというと、そうはいかないという問題です。現代の生活が証明していますように、豊かになり、それぞれが要求したままにある程度なっていく中で、生活の虚偽が生活のうつろさを生み出してくる。そういう現実がありますから、我々が煩悩の意欲で要求していることが成就したからといって、決して存在の根源が成就するわけでない。したがって清沢先生がいわれる信念の幸恵こそ本当の一大事の成就だという意味は、つきつめてうかがっていけば当然のことです。

それを無上功徳、真実功徳と教えられてある。真実功徳を恵むということは、名号を真実功徳と親鸞聖人は仰せられるわけです。しかし、名号が真実功徳だということをうなずくためには骨が折れますね。南無阿弥陀仏こそ真実だということがああそうだとうなずけるということは容易ならぬわけでして、「名は単に名にあらず」と安田先生がいわれますけれども、名が単に名としてしか我々は聞けない。名は名として聞いてしまいますから、それではものたりないとか、それでもやはりどうにもならんとか、そういう私どもの迷いの意識、虚偽諂曲の意識が真実功徳を覆ってくる。それを破らんとするものは、まず第一に真実心である。『観経』では至誠心といっているわけです。

自己の虚偽を批判する真実心

至誠心という言葉は相対的なことであってまじめさということですから、倫理道徳の中で、あるいは文化の中で自分が求めるものを必死になって求めていきなさい。正しいと思うことを正しいとし、価値があると思うものを価値があるとして、それを本当に人間的努力の中でつきつめて求めよということだろうと思うのです。そこに、善導大師の至誠心釈が出てくるわけです。「外に賢善精進の相を現じて、内に虚仮を懐くことを得ざれ」、つまり人間が内外相応せしめて、内と外とをまことで統一せよ、こういうことに徹底していきなさいと。宗教的要求がまず人間の自己矛盾というものに悩ませる、あるいは自己の罪悪性というものに苦しませる。教えが真実心の追求という形で呼びかけてくる。

清沢先生は「人生の事に真面目でなかりし間は措いていわず、少しく真面目になり来りてからは」といっておられますが、いやでも人間は人生の苦悩の中で真面目にならざるを得ないというか、我々が不真面目な生活をして不真面目な堕落に陥りがちであるけれども、その中に如来がそこに自己がないと呼びかける。客塵煩悩に埋没して、客体に汚されてあるものであって、主体つまり本当の自己かというささやきが、私どものそれこそ魂の奥にどこかで聞こえてある。人生の虚偽を生きているのではないかというささやきが、私どもの空洞の心の中に呼びかけてくるわけです。そこに真実心というものが意味を持つ。それはつまり至心、果相だといわれてあるのですけれども、不可思議兆載永劫の迷いの生活の中に、実は不可思議兆載永劫の昔から真実の歴史が歩んできたのだ。

善導大師は「すでにこの道あり」といわれて、本願の歴史の中に我々は聞法の第一歩を記すことができるといってもよいわけですが、有無をいわさず、私どもの不真面目な生活の背景の中に、実は本当の真面目さを生きよという如来の悲願が不可思議兆載永劫の時を稼いで芽生えて来ている。そういうことを通して、真実心が自己の虚偽を批判してくる。それで、宗教心が教育を要する、聞法を要するということは、至誠心の成長が必要不可欠なのだろうと思うのです。

放っておいても助かるとか、称えた途端に助かるというわけにいかないのです。やはり時熟の時を待つために至誠心が自己批判を通して明らかになってくることが必要である。つまり一切のことを挙げて如来に信順するという心が開けるまでには、我々の意識や生活の虚偽、相応することのできない内外を何とかして覆い隠そうとしていくような虚偽の心がどこかで根本的に批判せられてこないと、本当に内外相応して照らしてくださる如来の前にひれ伏すということはできない。それに出会ったときにはじめて無上の功徳である。これこそが無上の功徳である。少しの喜びは他のことでもないことはない。というよりも、むしろ我々の煩悩の生活は他の方で満足を得たり、腹が立ったりしているわけですけれども、それは揺れ動く相対的な満足であって、本当の人生の無上の功徳とは本願成就の表現において自分が照らされてくる以外にない。

こういう意味で宗教心の果相の面が至誠心である。つまり至心である。こう教えられることを通して如来の心が単に如来の心でない。名号が単に名号に止まらないで、衆生の迷いを通して迷いの中にまことにしたがう心を開いてくる。こういう段階です。そういう意味で教えて下さってある。

ちょうど清沢先生が考えておられる如来の慈悲と出会うためには、つまり煩悶苦悩が拭い去られる喜びに出会うためには、至誠心をくぐらねばならぬ、真実心をくぐらねばならぬ。こういうことがどうしても我々の上に信心が信心として、信心一つを得たらこれで生きていけるというほどはっきりしたものになるためには、どうしてもここをくぐらねばならぬ。そこをくぐってはじめて「死生の大事を如来に寄托して、少しも不安や不平を感ずることがない」、そして「死生命あり、富貴天にあり」と、人生のことは一切如来に托するのだと清沢先生が言い切れるような信念の恵みが与えられてくるということだと思われるわけです。

そして、信楽については、信心の自相である。親鸞聖人は至心釈においては虚偽諂曲の心に照らしておられますが、信楽釈においては、無始より已来、貪欲瞋恚の心であるとおさえられます。つまり煩悩の現象が衆生の現実である。煩悩以外の人生はない。一切の衆生の意識が起こるや否や煩悩の現象であるとおさえ、ここに如来の願心が開かれることが信楽である。この信楽について、清沢先生は何故信ずるのかというならば、人生不可解ということを通して如来の智慧を信ずるほかないとおっしゃる。何が真理なのか不真理なのか、何が善なのか悪なのかということを究極的に突き詰めていこうとすると、一歩も動くことができなくなる。これは清沢先生のような非常に倫理的なあるいは道義心の強い方であれば、自己矛盾につまずいて動けなくなる。

何が真理なのか不真理なのか、これは特に倫理や道徳の教えにあったときに、人間の主体的な意識が自由を求めて動こうとすれば、道徳は束縛になってくるということがある。道徳は虚偽でないかという心が起こってくる。いやなものを無理してやらなければならないという点がある。むしろ人間は道徳と反対のことをやりたくてしょうがないわけですから、善なるものは厭い、悪なるものこそ好ましいというか、内と外とが逆になってきて、外には善の顔をして内には悪を求めるというのが人間の矛盾ですから、何が善やら悪やらということを主体的に追求しようとすれば行き詰まらざるを得ない。

そこに貪欲瞋恚ということを具体的な煩悩の代表として出されて、貪欲瞋恚の心を突き破って真実が起こる。そこに如来の信楽ということがいわれてきてあるわけです。信楽が智慧だというのも問題があるかもしれませんけれども、たまたまそうして考えてみると、清沢先生は「我が信念」の内容を三つの相として考えるときには、至心信楽欲生、つまり親鸞聖人の三心の釈ということをどこかで踏まえながら考えておられるのではないかなということが思われるわけです。

欲生心の課題

そして次が欲生ということですが、これは昔は余乗宗乗といった時代には、余乗をやることが学問である。余乗つまり仏教学をやっている学者が片手間に真宗をやる。安心は宗乗の真宗であるけれども、学問は余乗であるというのが一般的であって、宗乗を専門とすることはなかったのです。皆仏教の方も天台をやるか、法相をやるか何か大乗仏教をやって、倶舎唯識天台真言等を専門にして同時に宗乗をやることが一般的だったわけですが、そういう学者の中に法相をやった学者がこの三心を解釈して当てはめることは昔でもあったそうです。お西の方に独特の法相学をされた烏水法雲という学者がいて、この人だけが曽我先生と同じような当てはめ方をしている。しかし、その場合はたまたま当てはめたのでしょう。ちょっと似ているから当てはめたというものでしょう。

一般にはこれは逆です。自相が信楽だということは誰でも当てはめる。因相と果相は逆に考えて、普通は至心が因相、欲生が果相と考える。どうしてかというと、如来が不可思議兆載永劫に修行するということは因位である。そして衆生の上に欲生心つまり願生心が実ることは果相である、如来の修行の結果である。我々が浄土を願うという心は如来のお恵みである、だから如来の果相、結果であるというふうに普通は考える。

ところが、それを曽我先生は、そんなものでないとおっしゃる。この欲生心を親鸞聖人が如来の回向心であると解釈せられたのはもっと深い意味があって、信心の中にあって信心を生み出すような原理を見出された。信心だけなら無内容である。信楽とは何だといったら、信楽そのものは虚偽諂曲の心がないというが、虚偽諂曲の心がない心といってみても、清浄の心といってみても無内容である。つまり鏡に何も映ってないようなものである。内容を生み出すものは欲生心である。如来の生まれんと欲えという強い意欲が私にはたらいたときに、念仏申さんと思い立つ心となって立ち上がってくる。それが欲生心ですから、その欲生心こそ因相である、如来因位の願心というものであるといわれる。

曽我教学には、先ほど安田先生が欲生ということに教えられたといわれているのは、ここであるわけですね。つまり、それまでは信心がああ有り難いというふうにたまわった、南無阿弥陀仏ああ有り難いと、ここまでで終わっていたものを、親鸞聖人が三心の解釈をせられたということは、衆生の迷いの内に衆生の迷いを突破する原理を見出したことである。如来の願心が衆生の迷いの中に立ち上がる基点を見出した、それこそ欲生心である。だから欲生心こそ信心の根本原理である。信心を信心たらしめて、信心において衆生を立ち上がらせる意欲、根本意欲である。

曽我先生が清沢先生に提出した、精神主義を主張せしめる第一原理は何か、慈悲であるかという問いをずっと煮詰めてこられた。お慈悲で有り難い、あるいは大いなる阿弥陀の力が外から救ってくださるから有り難いというような安心で自己欺瞞をすることを許さず、煩悩の生活の悲歎、自己批判、懺悔、こういうものを生み出してくるものこそ欲生心である。純粋清浄なる世界を願って止まないという意欲が、はじめて信心で救われるという意味を開いてくるのだ。

そこで、曽我先生は欲生心を因相だといわれて、迷いの意識の根源的原理である阿頼耶識、つまり迷いの前六識の経験を薫習し、また迷いの経験というものを生み出していくような根本意識であるような阿頼耶識の教えと親鸞聖人の三心の解釈とを照らして、衆生の自覚の構造において衆生が助かるとはどういうことか、本願の教えに出会って救われるということはどういうことかということを解明して下さったのだろうと思います。

この欲生心という問題から、清沢先生のお言葉の中で大変有り難いと同時に難しい問題であると思われるのは、「精神主義」で大変反響を呼んだ言葉に「全責任主義」というのがある。責任主義とは倫理的な考え方で、自分の責任においてなすべきことをなし、善いことをしていかなければならんという倫理道徳の常識です。それに対して清沢先生は一切の責任は如来が負ってくださる。だから、己の欲するところにしたがって思うままに生きてよい。これが他力の安心だと、思い切って打ち出されたわけです。倫理に苦しめられ道徳の中でもがいている我々にとって、思うままに生きてよいという自由な境涯があったら、こんな有り難いことはない。

おのれの欲するところにしたがって生きてよい。責任は如来が負ってくださる。もしこれを煩悩の意欲のままに生きてよい、煩悩の思うままに生きてよいというふうにつまり倫理道徳のレベルで受け取ったならば、倫理道徳破壊主義者となりますから、物議を醸すわけです。それで、常識主義から大変な批判を受けるわけです。常識主義の立場は本当の人間の至誠心にまだ徹底せず、外から批判するわけですから、立場が違うわけです。

清沢先生はできる限りの分別を尽くし、できる限りの善悪の苦悩をくぐった上でどうにもならないとおっしゃる。善をしたくても善が何やらわからない。自分では尽くそうと思ったことが全部仇になったという深い懺悔がある。よかれと思ってなしてきたことが、教団改革にしろ大学樹立にしろ、あるいは自分の家庭の平安を作ろうと努力したことにしろ、全部が崩壊し無駄になったと思えるような人生、その中から何が善だやら何が悪だやら、何が真理だやら何が不真理だやら、一つもわかることのできない自己であるという深い悲しみを表白せられて、その上で一切の責任は如来が負ってくださる。貧乏になるか金持ちになるか、食えなくなるか食えるか、そんなことは如来が負って下さるのだ。

そこに立ってはじめて自分は助かることができる。こういう表現をなさってくる。清沢先生に対して曽我先生が批判なさった、未来に向かっての退嬰的な気分というか、虚無的な気分というかアキラメ主義といわれるような言葉がもつ自己閉鎖的な方向性とこの欲生心とはどうなるのかということが一つの問題です。

回向心としての欲生心の意義

それから、人間の意識の上に起こるものは全部分別である。おまけにその分別には貪欲瞋恚が相応して起こっている。人間の意識はしつこいものですから、どんなに純粋に考えようとしても、常に貪欲瞋恚と相応してくる。貪欲瞋恚の根は我執ですから、第七識相応の我執はもうとにかく寝ても起きてても、生まれた限り死ぬるまで、我見我愛と相応している。そういう意識を離れることのできない我執を突き破って起こる欲生心は、はたしてこの人生の中で生活することができるのか。煩悩は生活したいという欲求になりますけれども、純粋清浄の願心がこの世の中に生活しようという意欲となりうるかという問題ですね。

これは当然そういう問題が起こってくると思います。そこで私にとっても長い間の疑問であるわけですが、親鸞聖人が欲生心の釈において回向心ということをいわれるのは何故か。回向心というなら、至心だろうと信楽だろうと回向心といってもいいはずですが、大悲心であるとはいわれるけれども、特に欲生心について回向心といわれる。『観経』では回向発願心が第三番目の心としていわれて、これは自力の三心ですから、回向発願して生まれようとする心、つまり自分の善根功徳を回向発願して、菩提に回向し、衆生に回向するという形で回向して生まれようとする心として現象し、その深い意味が利他通入の一心として、如来の回向心として我々に自覚せられるというのが、親鸞聖人の『観経』理解ですね。

至心信楽欲生と至誠心深心回向発願心とが対応すれば、第三番目の欲生心が回向発願心だと当てはめるという意味ならわからないでもないが、あまりそういうことをしても意味がない。一体欲生心が回向心だということはどういうことか。おまけに欲生心を引文をもって親鸞聖人が確かめられるところでは、『浄土論』を引いておられます。如来の回向心、その回向の中にいわゆる浄土へ往生していく往相回向と、そして浄土に往生したものが利益を得てこの世に還って衆生を利益し生死煩悩の園に遊んで神通遊戯する、神通応化の身を現ずるという、いわゆる還相回向といわれる文を引いてこられるわけですね。

曽我先生が清沢先生に対して出された問い、そして還相回向という教義は何のことなのかと曽我先生によって大変克明に論じられてありながら、我々はどうももう一つよくわからない。曽我先生は教が還相回向だというのです。教行信証の教は我らの還相回向である。我らが教えに出会うことができるのは、如来の還相回向であるといわれる。それは一応その通りだと思います。往相回向ができるのは還相回向があるからだ。往相回向は還相回向の上に立って成り立つのだ。往相回向の裏に還相回向がある。こういうのですね。

往還の対面といわれて、太平洋戦争の敗戦後に占領軍が入ってきて、対面交通ということをいった。日本の道路は狭いから、自動車と人が同じ方向だとはねとばす。だから、人間と自動車は反対を向いて歩けと、「車は左、人は右」という標語ですね。その時新聞で「行きと帰りはすれ違う対面交通」といわれたのを、曽我先生は、これこそ自分がいおうとする還相回向だというわけで、往還の対面といわれたわけです。つまり往相は還相と対面しつつ進むのだ。往相回向は還相回向と対面するところに往相が往相たりうるし、還相は還相たりうる。つまり信が信たりうるのは、教が教となってはたらく時に、教勅が我らに呼びかける時に、我らがそれに相応しようとする意欲となる。だから往相と還相とが対面するところに一念の信心が成り立つのだ。

よくわかりますよね。一応それでわかります。衆生の意欲の上に浄土往生の願心となって、つまり衆生を歩ましめる力となるのが往相回向であるとするなら、衆生を浄土の方向から、むしろこの穢土へ向かって歩ましめる意欲となることこそ還相回向だ。自分の意欲で浄土に往生するという意欲ではない。往相回向といわれる限りにおいて、如来の願心が衆生の上に往相回向を成就する。そして、還相回向も如来の意欲が衆生の上に還相回向を成就するということである。どうもそこがどういうふうにうなずくべきものなのか、私にとって一つの問いであるわけです。

還相回向の領解

回向という問題に触れているわけですが、特に還相回向という問題は大変難しい問題である。我々はこの苦悩の娑婆を生きていますから、苦悩の娑婆からなにがしかよいところというか、よい状態というか、よい時間というものを欲求することは自覚的にわかる。つまり浄土をこの世を超越したものという言葉を思い描いて、美しき世界、楽しき世界、いつまでも永遠にいのちの恵まれる世界といわれて、そこを願うということならばわかる。何かもやもやとしてはっきりしない宗教的要求というものを言葉として、つまり宗教的要求を表現として、四十八願なら四十八願という欣慕の願いとして、願って止まない世界として描き出されれば、そういう世界ならわかる。ということは、この現実が窮屈であり、業苦に縛られてあり、そして煩悩に悩まされてあるという、まさに迷悶者の存在としては、往相の回向は如来の呼びかけとして聞こえるといわれれば一応わかる。

本当に浄土に往生したいかといえば、『歎異抄』九条が教えているように、煩悩の娑婆に執着して浄土往生はいつかそのうちだという形でしか起こらないのですけれども、しかしそれでも、今がいいというわけではありません。だから、特に苦悩の現実にぶつかった時にはいやだなと、何とかならんかと、もうちょっとましなことにならんかと思うわけですね。つまりコンプレックスはそこから生じてくるわけで、自分の弱点なり欠点なり、自己嫌悪なりというものが、よりよき自己や状況を欲求していますから、そういうものの表現として浄土をいわれれば、浄土を欲求することが直接的に一応わかる。けれども、利他教化を成就するために、苦悩の娑婆に還って神通に遊戯し煩悩に遊ぶということになれば、そんな高い位はほど遠い、まあ自分の話ではない、誰か偉い人の話だということで、とても還相回向という問題は、直接には考えられない。つまりまさに神話の世界としておいておくしかできないというのが還相回向に対する理解であったわけです。だから、それを直接自分が考えるとか、どうするとかいうことはできない。

つまり『教行信証』でいうなら、「信巻」までは教学できるけれども、「証巻」は悟りの世界ですから、論ずることができない。ましてや「証巻」の還相回向以降は、親鸞聖人がお書きになったけれども、そういうことも一応本願が満足する世界としてはあるけれども、それは親鸞聖人だけの世界あるいは親鸞聖人ですらそっとして神話の世界のままにおいた世界として、教学はいじらなかったわけです。それを積極的に曽我先生が還相回向という意味を教え、聖教だとおさえてこられた。これは大変勇気あるお仕事だし、その一事だけをもってしても封建教学からは異安心だといえるような大変なお仕事であったわけです。

安田先生のお言葉などを聞いておりますと、いちいち解釈をせずに還相回向とはこういうことだといわんばかりのお言葉がポンポン出てきます。それは「上求菩提下化衆生」の「下化衆生」という願いは人間の根本的な願いとしてある。人間存在は修道的存在だ、真面目だから修道するというのでない。人間存在というもの自身の構造が迷いの中で迷いを超えたいという願いをもち、そして歩む存在だ。だから修道的存在だ。つまり菩提心をもって人間だといいうる。目がある、鼻があるのが人間ではない。菩提心をもって悩み苦しんで、それを超えていこうとするのが人間存在なのだ。そういう理解が仏教の人間理解だ。つまり菩薩的人間というものが仏教の人間像だ。これが安田先生の端的な理解ですね。

これが浄土真宗と矛盾するわけでない。そういう願いをもって生きている人間を本当に成就せしめるものが如来の本願なのだ。自力では菩薩的人間が成就し得ないのだ。菩薩的人間、修道的要求をもった人間が満足成就しうるのは本願他力に出会ってはじめて成り立ちうるのだ。こういう形で教えて下さってあるわけです。つまり修道的人間が修道的人間として成就しうる根本原理こそ本願である。本願成就の信心とはそういう意味だというのが安田先生のお教えです。ですから、そこにはもう還相回向も往相回向もくるめて、菩薩の上に菩薩たりうる原理を見出す。つまり親鸞聖人が正定聚不退という位について諸仏と等しいあるいは弥勒と等しいという言い方をされ、さらには『愚禿鈔』で必定の菩薩ということをいっておられます。不退ということは菩薩道が成り立つ地盤ですから、そこで不退ということは菩薩である。つまり煩悩の衆生が金剛の信心において菩薩と名告りうる、あるいは菩薩道を成就しうる。こういうのが親鸞聖人のお教えだということで教えておられるわけです。

還相回向を親鸞聖人は欲生心の中において開かれて、その成就を「証巻」を通して明らかにされる。天親菩薩の『浄土論』の観行体相の仏功徳釈中第八の不虚作功徳釈というところから後ずっとご引用になって、善男子善女人が一心を成就するときに、菩薩の行を行ずるものとして描かれている『論註』の内容を、仏の本願力に値遇したものに与えられる未来の功徳として明らかにされる。それを「証巻」で還相回向の内容として引用してこられるわけですが、その「証巻」の内容について、証は果ですが、信心の因のところに果を呼び起こす種をおさえておられる。教行信証全部は別のものがあるわけでない、教行信証という形で仏道を表現せられた、その体は南無阿弥陀仏にある。南無阿弥陀仏のところに教行信証という構造をもった仏教が一念の信心に具足するということですから、金剛心成就のところに、実は深い意味で往還二回向が成就しつつある。そういっていいと思うのですね。

大信心は長生不死の神方

その内容をどう考えるかというのは大変難しい問題ですけれども、その手がかりの一つとして、私はこういうことを気がつかさせていただいたのです。それは「信巻」の一番はじめの言葉に親鸞聖人は「大信心はすなわちこれ、長生不死の神方、欣浄厭穢の妙術」といっておられます。ちょっと読んで私は何のことかよくわからなかったのですが、「長生不死」はつまり長生きできるということですね。つまり信心を得たら長生きできる。親鸞聖人は九十歳まで生きた。曽我先生は九十六歳まで生きた。信心の利益を得れば長生きできることをいっているともとれないことはないけれども、そういうことを親鸞聖人がいわれるわけがない。「大信心は長生不死の神方」といわれるのは、曇鸞大師が長生きする方法を仙経に求めたが、長生きして何になるか、迷いの三有の生死を繰り返すのみでないかと、菩提流支三蔵に叱りつけられて、曇鸞大師が仙経を焼き捨てて、『浄土論』によって一念の信心において満足したということの意味を出されているにちがいない。そうすると、これは無量寿無量光の無量寿、永遠のいのちを得るということの意味をここでいわれているにちがいない。

そうすると長生不死ということは、我々が生まれて生きて死んでいく生老病死の現象の中に永遠の意味を見出す、永遠のいのちを感ずるということであって、時間的な永続性をいっているわけではないだろうと思うのです。わずかに十年や二十年長生きすることを信心の利益とすることではないのであって、信心を得ることこそ、このいのちを得たことの意味であり、このいのちを得たことが永遠のいのちと出遇ったことである。まさに人間が長生きしたいという要求、これはおそらく人間の深い現世執着の煩悩の象徴である。長生きしたいとか健康でありたいとか、金持ちになりたいとか家族安穏であってほしいという煩悩の生活の深い願いを代表せしめて長生不死という。ただ長生きしたというだけでなくて、長生きする中に充足し満足していないならば、つまりただ長生きしてそれがずっと苦悩だったら、長生きすることの意味はありませんから、むしろそんなに辛いなら死んだ方がいいことになるわけで、長生きすることが満足するということは、本当にこのいのちが永遠の意味を持つことにちがいない。

そこで信心を得ることは、人間の深い祈りである長生不死という願いを成就せしめるものである。長生不死の願いをそのまま延長して成就せしめるのでなくして、長生不死という形で人間が起こす意欲というものを深い意味でつまり宗教的な祈りに転じて、そして成就せしめる。つまりそれに出遇ったならば、長生不死という意味をこのいのちの中に見出すことができる、たとえ短くともたとえいつ終わろうとも、そこに長生不死と言い得るような意味を大信心において得ることができることが、「長生不死の神方」といわれる意味であるにちがいない。

次の「欣浄厭穢の妙術」に照らしてみると、「長生不死」とはこの世の無常なるいのちを超えて永遠のいのちに触れたいという願いであり、「欣浄厭穢」はこの世の不浄なるものを厭い、浄きものを欣うという願いですね。一方ではこの世の延長を願うこと、他方ではこの世を否定したいという願い、つまりこの世を厭い、浄いものを欣う。相矛盾する願いといってもいいかと思うのですが、その両面を成就する。往相はこの世を否定してこの世を超えた世界、超越的世界を要求して止まないことの成就である。本当の超越とは何かといえば、この世を逃避することでなくして、むしろこの世に安んずることである。真にこの世を超えることは、この世の問題、苦悩の問題を無駄に苦悩するのでなくなることである、苦悩してもよいという心に転ずることである。

こうなってくれれば、これは衆生と共に悩まんという菩薩の大菩提心ですね。そういう方向性を持ってきますから、欣浄厭穢つまり衆生の上に起こる苦悩が逃避的方向をもってこの世を厭い浄土を欣うという直接的な形の意欲を転じて、清浄願心にまで成長せしめんとするのが往相回向の方向であるなら、この世で永遠の生を持ってよい、この苦悩のただ中に入っていってよいというこのいのちをたまわることこそ、還相回向の祈りである。我々がこの苦悩の娑婆を平然として生きていってよいなどといえば、やせ我慢というものであって、直接的には煩悩の身としては苦悩はいやだし、安楽が欲しいのだけれども、では苦悩がいやだといって本当の安楽があるかといえば、どこにもないことをどこかで知っている。安楽が与えられたら退屈するし、三日も温泉に入ってろといわれてもいやになってしまうわけで、龍宮城で乙姫様が歓待してくれても三年もいれば帰ってこざるをえないのだし、やはり人間は苦悩の娑婆で生きるほかない。苦悩の娑婆を本当に充足して生きうる志願こそが如来の救済に遇うという意味である。

こうしてみると、人間の直接的要求としての意欲である長生不死にしろ欣浄厭穢にしろ非常によくわかる。けれども、これはこのままでは成就しない。絶対に成就しない人間の深い祈りを成就する。どこで成就するかといえば、信心が成就する。信心が成就するということは、信心をもてば、この心がそのまま成就するという意味でなくして、こういう願いを無意味にさせる、あるいはこういう願いを本当の意味で転じて充足せしめる。否定的にいうなら、長生不死ということは一念に死んでもいいという形で成就する。欣浄厭穢は浄などいらない、不浄こそ我がいのちだ、地獄こそ我がいのちだと言い得るような意欲こそ、欣浄厭穢を成就せしめる。こういうふうにいただくことができるならば、これこそが往相回向、還相回向の成就としての念仏の道ではないか。

自己回復の道としての近代教学の確立

念仏の信心だけでよいという意味は、我々はこの現世では文化、経済、法律を要求し、無数の付属物を要求して止まないけれども、裸の人間として満足成就することができないならば、人間は永遠に満足できないということである。この裸の貧弱な無能な罪悪深重の身のままに、存在の意味を充足し得ないならば、どんなに憧れようとも、永遠に憧れは憧れでしかない。どんなにいやであっても、この身はこの身でしかない。そういう厳しい現実を本当にうなずいた上で、しかも人間が人間として自己を確立しうる道、それが「如来表現としての三心」といわれる信心である。信心の三面を開いて、私どもに信心の幸恵、恵みというものの意味を教えて下さってある。

これは親鸞聖人が何故三心という形に着目して、わざわざ信心を『大経』の三心として解釈しなければならなかったかということをうかがう手がかりでもあるし、また我々がどうも信心がはっきりしないというときに確認していくことができる一つの道筋として、至誠心、深心、回向発願心、それが至心信楽欲生と展開されてある。この信心の自己批判原理の中心は欲生心にある。欲生心において、現世を厭い浄土に行きたいという心がむしろこの現世こそ、苦悩のこの人生こそ菩提心の生きる場所であり、この辛い、いやな、できるならばやめたいような、この我が人生が二度とない、二つとない、かけがいのない我が人生なのだとうなずいて、この人生を生きていこうという志願になる。そこに如来欲生心が成就してくる。それに気づかしめるためには、至誠心、深心をくぐらなければならない。

この三心は三願転入の三願とは違って、時間的な段階ではないわけです。構造的な段階でもない。つまり一つの信心の三面ですね。三面ですから、決して至誠心から深心へとか、至心から信楽へという時間的次第ではない。一念の信の三面というべきでしょうか。我々がうなずいていくときには、そういう三つの面を明らかにしていくことによって、一心という、純粋なる名号への、行信への帰命が成り立つための道理として親鸞聖人がこの三つの面を開かれたのではないかと、こう思うわけです。

特に近代教学といわれるものについて、やはり近代教学の眼目は信心を明らかにしたというところにある。いろいろな面が考えられますけれども、非常に主体的に我が信念として、教義ではなく実存的な道理として、しかも生きた思想として、仏教の根本の教理教義を主体的に確認すべく格闘された。ですからむしろ伝統を回復されたといってもよい。近代というけれども、実は本当の意味の伝統教学であるといった方がはっきりするのではないか。むしろ伝統を疎外して真の伝統からはずれたところで、教義化していた、半分死に掛かっていた、龍宮に入りかかっていた真宗をあらためて、この現実の現代に生きる人間の精神の糧として、親鸞聖人の信心を明確にしてきた。そういうところに近代教学は、今の問題、一念の信心、金剛心成就の一刹那を常に問いとして明らかにしつつある。これは曽我先生、安田先生から何回も教えられたことです。

答えを出すのが教学でない。答えを出したら過去になるわけです。過去のことを思想的に回答したり、過去の関心を追憶するのでない。つまり現在に立つということは問いを持つということ、あるいは問いに生きるということであり、現在は問いとしてあるわけです。現在は常に煩悩として苦悩として問うてきてますから、その現在の問いを今の精神の糧として念仏に立つ。信心の一念に立つということは、だから回答ではない。あれは終わった、もう信心を得た、何月何日に信心を得たと、そんなことで終わらない。永遠の今を今の時として常に自己回復していく。それがいわば近代教学といわれ、我々がいただくことのできる親鸞聖人の教えであるということができようかと思います。

一番はじめに申し上げましたように、清沢、曽我、安田の三人の先生は、それぞれ表現は独自のものをお持ちであり、思索も独自なものをお持ちであり、そして直観内容にもそれぞれ独自のものを発揮しておられる。これはちょうど七高僧がそれぞれ違った表現を持たれたと同じように、それぞれの宿業、それぞれの業縁において、それぞれの個性を発揮し、三人三様の表現を取られながら、根本は『大無量寿経』の信心成就というものを生涯のテーマとして格闘していかれた方々であるということをいただくことができるわけです。つまり自己開発といいますか、自分自身を本当に開発せしめるということがいただいたこのいのちの使命だと、そこに徹底していかれた。そういう意味で徹底するということは我々にとっては容易ならないことですけれども、三人の先生方は、それを身をもって証明して下さったということがいただかれます。

特に安田先生については西洋の論書を縦横に使われますので、ともすれば誤解されて、何か新しいものというか思想的な面だけが見られるおそれもありますけれども、根本関心は脈々として続いている。三国七高僧の伝統を荷負っておられるということが、切に思われることです。

長いお時間をいただいて、普段考えております近代教学を、教えていただいたということの意味を少しく申し述べてみたことであります。

安田理深論

一　先師安田理深の求道

先師安田理深との出会い

私が安田先生に初めてお会いしましたのは、一九六一（昭和三十六）年、親鸞聖人の七百回御遠忌の年に私が学生として京都にまいりまして、その年の五月だったかと思います。本願寺に大谷大学の学生が奉仕に参加したのですが、今は三河のお寺に入って住職をしておられる安藤眞吾（旧姓二村）さんという方がおられました。

岐阜の郡上八幡という小さな町、その山懐にお城のようなお寺があります。安養寺というお寺です。蓮如上人の時代には、その地方の一向一揆の中心になったという非常に大きなお寺で、ちょっと裏の山に上がって見ると、大屋根で町が隠れるほどの大きなお寺であることを覚えております。

もともとは在家の、谷を隔てた山の中の農家の子弟であられたのですが、発心されて、その寺に小僧として入った。真宗のお寺ですから修行はないのですが、手伝いをしておられて、縁あって京都に出られて、大谷大学の大学院におられた。私も大学院に行ったものですから、御遠忌局の総務部というところに配属されて、本願寺の親鸞聖人七百回忌の手伝いをしておりました。

その時に、二村さんがどういうわけか私にしつこく食い下がって、とにかく一緒に聞きに来いということで、安田先生の会座に連れて行って下さった。それが、専修学院の院長役宅（当時の院長は信国淳師）で行われていた相応学舎の会だったのです。

そこに行くようになりまして、安田先生のお話に少しずつ馴染んでいって、結局、私が京都に行きましたのは、安田先生の教えをいただくためであるという自己確認ができるようになった。先生のお話が聞ける間は、とにかく京都に長くいる方がいいと判断するようになっていったわけです。そういう因縁で安田先生に出遇うようになりました。

東京におりました時に、本郷に教研分室がありまして、中津功さんが長いことご苦労下さったその教研分室に、松原祐善先生が来ておられた頃があって、分室には行ったことがあった。松原祐善という名前はつとに聞いて知っていたのですが、京都に行って二村眞吾さんに会うまでは、安田理深という名前を私は聞いたことがなかった（後で聞くと、その分室ができたのも安田先生のご縁であったらしい）。

その頃は、何の地位も職も持っておられない、一人の野の求道者であったのです。後に安田先生は、非常勤の講師として大谷大学に来られ、さらには専任講師となられ、週に一度ずつ講義をしていただくことになった。私がお会いした一九六一年は（先生は一九〇〇年生まれですので）、ちょうど還暦を過ぎたばかりの頃で、ぼつぼつ先生のお弟子方が活躍し始めた時代です。

一九五六（昭和三十一）年、訓覇信雄氏が宮谷内局を作って、訓覇氏自身は教学局長になられて、そういうことから一九六一年に曽我量深先生を大谷大学の学長に（八十七歳のご高齢にもかかわらず）いただくことができたのも、ひとえに宗門の政治的な力を持たれた訓覇氏の配慮によるところが大きいと思います。

たまたま私が京都へ行きました時に、曽我先生が学長になられ、松原先生が曽我先生を支えるべく大谷大学教授になって東京から来られる。そういう状況の中で、まだ安田先生は野におられて、私塾相応学舎で講義をしておられた。

安田先生という方について、私は先生を対象化して、先生とはこういう存在であるとか、こういう思想的な面を開いた方であるとかいうことを、あまり申し上げることができる位置ではないのでどうかと思うのですが、先生が亡くなられてちょうど、来春二月で丸十年になります。一九八二（昭和五十七）年二月十九日に亡くなられましたので、一九九二（平成二）年二月で丸十年です。

折にふれて先生について憶い起こすことをお話ししたことはございましたが、まとめて安田先生について何かをお話しするという方向で考えたことはなかった。たまたま折にふれて憶い起こされたことをお話しする、あるいは先生について何かを書くといっても、先生の明らかにされた課題の一端を私なりに考えるというようなことであって、今日は少しく先生について私が思うところをまとめてお話しできたらと思っています。

安田理深の求道の歩み

先生の求道ということについて、皆さんご存知ないでしょうから、お話しします。先生は幼い頃に不幸にして家族と別れた。もとは兵庫県の山奥、山陰側の谷をさかのぼった小さな村の庄屋の家筋にお生まれになった。けれども山陰の山奥の、それこそ本当に簑笠を置くと田圃が一枚隠れると言われるほど急な斜面の段々畑を耕して、貧しい人達がどうやら作っている村でした。小さな村に生を受けられて、幼稚園の頃にはすでに、親戚を頼って鳥取に出ておられたらしい。

先生はめったに自分のことを憶い起こして語るということはされなかったのですが、先生は鳥取ではキリスト教系の幼稚園に通っておられた。鳥取県は禅宗の盛んなところで、曹洞宗が力を持っているらしいのですが、どういう因縁からかキリスト教系の幼稚園に入られていたようです。

幼い頃のイメージとして、宗教者の態度といいますか、宗教者の生き方を憧れのようにして、先生は植え付けられたようでした。このことは、晩年に至るまで、キリスト教に対する尊敬とキリスト者に対する敬愛の念が、先生にはずっと続いているということを折にふれて感じました。

十代に入って、ご自分で発心して禅宗のお寺に随分と参禅に通われたようです。その通った禅宗のお寺の和尚から見込まれて、お前は修行してこのお寺の後を取ってくれと頼まれたのだということを冗談半分におっしゃったことがありまして、随分、熱心に座禅を組まれたらしい。

道元禅師に対して、安田先生は単に本を読むという関心ではなくて、求道の師として、人間の迷いを晴らし人生の苦悩を超えていった人として、一点も疑っておられなかったようです。ただ、何故先生は禅宗に腰を落ち着けなかったかという点が残るわけですが、それにつきまして先生は、悟りを開くとか、苦悩を超えるという点だけなら、自分は禅宗でもよかったということをふとおっしゃったことがありました。

しかし、先生の求道の問題は、単に宗教的要求というだけではなく、その宗教的要求が現代の問題とぶつかって、思想的な営みを持つという点にあった。ちょうど青年期が明治末期から大正にかかる頃で、思想的な書物などが世に出て来る時代でした。もちろん先生は文学に対しても非常に関心を持っておられて、夏目漱石のものなどは、初版本を若い頃にもう読んでおられた。そういうことで思想関心、文学関心というものが強くて、禅では悟りという方向だけであって、時代の人間の問題についてどうも物足りない、そういう思いがあったということをおっしゃったことがありました。

先生の一代の思想のお仕事というものが煮詰まって、ご自分が選んだテキストというものをみてみますと、ほとんど天親菩薩なのです。天親菩薩の『浄土論』、『唯識三十頌』さらには『十地経論』、こういう天親菩薩のものを先生は好まれて、その解釈という形をとりながら思索を深めていくことをもって、先生の思想の営み、聞法の営み、それが自ら学生を育て、あるいは宗教を要求する人の栄養になるということになっていった。

『願生偈』を天親菩薩が優婆提舎と名づけています。また、優婆提舎は論議経と翻訳されるのですが、論議経は如来の説かれた経典の一つの形式として名づけられる名前です。その優婆提舎の形とは、思想問題というものを練っていく、掘り下げていく。そういう形で経典が説かれる。曽我先生が『無量寿経』の本願を優婆提舎であるということで、『論議経としての四十八願』という論文をお書きになったことがあります。

宗教的要求を、空とか無とか、悟りとかいう形でとらわれを取っ払ってしまった状態として表現するのではなくて、その無をくぐりながら、それを本当に有の形を取って、人間の思索活動、ものを考える営みを通して、もう一度表現し直す。『無量寿経』の場合は、衆生を救済するという願いを通して、今一度宗教的要求を語り直す。そこで、優婆提舎という名前が名づけられてきているのだろうと思います。

代表的な思想家で久松真一という方がおられて、安田先生とほとんど同年代の方ですが、『東洋的無』という書物を書いています。それに対して安田先生は、「いつも久松さんは、無、無というけれど、仏教の特徴は、無だけではない。特に天親菩薩の思想というものをくぐれば、有の思想だ」ということをおっしゃっていました。

執着を離れて無に帰していくという一つの方向に対して、それを無視するのではないが、それを踏まえつつ、もう一度有として表現する。安田先生はこういうところに思想というものの力点を見つけておられて、先生自身が禅の立場から真宗に縁ができてきた。そういう思想的要求の必然性というものから、無から有へという方向性に求めて止まないものがあったということが思われます。

一つには若い頃に禅をくぐったということと、幼い頃にキリスト教をくぐったということが、先生の思想の営みにとって、もちろん生まれ育った立場が寺でなかったということが幸いしていて、宗教的な思想を普遍的なものとして明らかにしたいという課題となった。

晩年に先生は長崎に縁ができまして、長崎で加来玄雄さんという方が教務所長をしておられた時に、長崎の安居に安田先生を頼んだところ、先生はそれまではいわゆる宗派や教務所の仕事というものに対して、まず「うん」といって出向かれたことがなかったのですが、加来さんという方が相応学舎の出身だったということもありますし、また長崎という場所に先生は非常にひかれて、毎年長崎へ安居の講義に出向かれました。晩年のことです。その時、先生は長崎に行くというだけではなくて、あらためて『長崎殉教者列伝』というような本を求められて、踏み絵の時代、クリスチャン殉教の歴史を紐解いて、長崎という町に象徴されるキリスト教と日本との出会い、その悲劇、そこに命をかけて信仰に生きようとした殉教者の信仰というものを（単に興味というだけではとてもできないほどの）情熱をかけて探っておられました。

そういうところが、寺に生まれ育って宗派の教義学といいますか、独善的な正しさみたいなものを弁明するような立場とは全く違って、本当に宗教的要求に立って思想を明らかにしたいという歩みが、先生をしてここまで生かしめているのだということをつくづく感じさせられたことでした。

大谷大学へ入学

そういう若き時代の先生の求道があった。たまたま私どもの宗派の中に、清沢満之先生の流れを汲んだ若き学徒として、金子大栄、曽我量深という方がおられた。金子先生がしばらく郷里に帰られた後、大谷大学に呼ばれて大谷大学の教授になられて、新進気鋭の学者として講義を始められた。その講義録がたまたま岩波書店から出版された。その頃、岩波書店の創業者の岩波茂雄社長がご承知のように、日本を文化国家にするために、自分が岩波書店を育てると同時に、学者も育ってほしいという願いで、これぞという学者には資金を援助してでも本を書いてもらうということがあったようでした。

誰を選んでいくかという一つの基準に、思想の方では西田幾多郎氏に目をつけて、西田氏の推挙のもとに学者を選んでいたらしいのですが、西田氏の目に若き金子氏がちょっと入ったのでしょう。そういう因縁があって、岩波さんは金子氏を高く評価されて、本を書くことを勧められた。それが『仏教概論』という書物になって岩波書店から出た。

今までのいわゆる古い教義学、江戸時代まで続いてきたような宗派の学でもないし、中国から伝来した天台とか華厳とか、それ以前の奈良仏教を支えてきた律宗とか法相宗とかいう古い仏教学ではなくて、本当に近代の仏教として思想的に応えようと努力した書物としては、おそらく日本では初めて出た仏教概論だろうと思うのですが、これを鳥取でいち早く安田先生は見つけられたらしい。

それを読んで同時に、これも親戚か何かを頼られて、無一物で京都へ飛び出して来られて、金子先生に入門を申し込まれたらしいのです。金子先生は、安田先生を熱心な学徒として認められ、大谷大学へ入るよう勧められた。そして、大谷大学に籍を置きながら、京都大学の西田幾多郎の講義に通ったり、思想的なものを求めて、十代の終わりから二十代の初めにかけてでしょうけれども、信じられないほど激しい求道的な読書生活を送っておられたようでした。

一九二四（大正十三）年から一九二五（大正十四）年にかけて、これもたまたま曽我先生が東洋大学の教授であられたのですが、請われて今一度真宗大学に関わってほしいという佐々木月樵先生の熱意ある説得を受けて、京都の大谷大学教授になられた。曽我先生の講義のことを安田先生は憶い起こして、『曽我量深選集』の月報に書いておられます。曽我先生が教授となって来られたのが、安田先生が二十四、五歳の頃です。

曽我先生は東京にあった真宗大学の教授をしておられたのですが、一九一一（明治四十四）年にこの大学が廃校にされた。一時新潟に帰られた後に、再度東京に出られて、東洋大学を作られた井上円了さんの郷里が曽我先生と同じ新潟ということもあるし、同じ大谷派の方であったために、その頃東洋大学の仏教学の教授のポストに曽我先生が就いておられた。それを佐々木月樵さんが京都に来てほしいということで引っ張ったわけです。

背景を申し上げますと、皆さんはご存知ないかもしれませんが、京都では宗門子弟の教育は難しい。京都の本願寺の下では、今までの古い教学体系を超えるようなことをすれば必ず当局から弾圧がくる。

だから東京に大学を作らなければならない。新進気鋭の学生を教育する場所は東京だということで、清沢先生は相当無理をおして、最晩年に巣鴨に真宗大学を建てられた。一九〇一（明治三十四）年です。一年後に先生は学生のストライキ問題の責任を取って、養家先の三河西方寺に帰られて、さらに一年後（明治三十六年）には亡くなっていかれたわけです。曽我先生は当初から真宗大学の教授をしておられたのですが、一九一一（明治四十四）年に廃校になった。

明治のこの頃は、日本の国家としては朝鮮に出ていくとか、大変国家主義的な植民地主義の勢いの強い時代、そして天皇制がますます強くなる時代、教団としては、財政逼迫の中でどうやって教団を立て直すかという危機感がある時代でした。一方では江戸期以来の封建的な考え方、封建的な教団体制というものの中に、十年間にわたって東京で育てられた若い学徒がだんだん教団の末端に帰っていって、新しい思想の話をするような状況が出てきて、古い門徒の方々あるいは年輩の住職の方々から異端視される。何かにつけて弾かれ、疎まれる。そういう中にあって、暁烏敏・多田鼎・佐々木月樵・曽我量深・金子大栄という方々が、若き情熱をかけて弾圧をくぐり抜けながら新しい信念を語ろうとしていた時代です。

そういう中で、佐々木先生が京都の真宗大学の学長になられて、金子先生を引っ張り、曽我先生を復帰させるという背景があるわけです。宗門の子弟を教育する最高学府としての真宗大谷大学に曽我先生は喜んで再び入っていかれたのでしょう。曽我先生が五十代の時です。その曽我先生と若き安田先生が出遇うわけです。

雑誌『仏座』の発刊

安田先生は、時代の思想とぶつかりながら仏教の思想をいかに表現するか、どういうふうに考えるかということに日夜情熱をかけて苦闘しておられる曽我先生に出遇った。そして、曽我先生を中心にした聞法会が開かれ、『仏座』という雑誌が出ます。雑誌といってもパンフレットのようなものです。その雑誌『仏座』の中心は曽我先生の講義を載せるわけですけれども、そこに若き先生方が論文を載せる。大谷大学の教授方が論文を載せるわけです。

その中に、二十五歳の安田先生が論文を書いておられる。それが『安田理深選集』第一巻に載っている、『縁起法の考察』という題の大論文です。十回から十一、二回にわたって書かれています。毎月書いていった論文ですけれども、その内容たるや難解至極、ものすごい迫力です。本当に思想的な悪戦苦闘のあとが感じられる論文です。何を言っているかわからないほど、思想的に悪戦苦闘しながら言葉を選んで書いている。ちょっと読んで分かるなどというしろものではない。釈尊の説かんとした仏法の根源は縁起法にある。その縁起法ということが一代仏教の中心課題であるという根本直観に立って、一代仏教の思想を構成し直すというような大野心です。

また、曽我先生が大学で、『了別と自証』という講義を最初の年度になさったそうです。これは唯識論の中心のテーマになるわけです。意識というのは了別である。了別ということはものを分かつという作用、つまり分別ということと同じ意味ですけれども、分別という言葉は、虚妄分別という熟語になって伝えられるように、悪いイメージがついてしまう。だから、分別という言葉を避けられて、『唯識三十頌』を翻訳する時に、あえて玄奘が了別という言葉を使った。

意識の持っている本質は、何かを感じて判断するという作用だけではなくて、意識が意識自身を知っていることである。つまり自己意識性といいますか（自覚という言葉で言われますが、自覚というと、お前の悪い点を自覚せよというような反省意識のように取られてしまうから）、唯識の上では、それを自証というのです。

意識が意識自身を映していく、これが意識の本質である。自証という言葉で意識の本来性というものを、玄奘訳の護法唯識ではいわれる。曽我先生は、『了別と自証』というテーマを出されて、仏教学の講義をなされた。大体それまでの仏教学者の講義は、華厳概論とか天台概説とか教義学を説明するというのが普通であって、思想を語るというようなことは絶えてなかった。ところが、曽我先生が『了別と自証』というテーマで、仏教の根本問題を話された。これに安田先生は食いついたわけです。

安田先生と曽我先生との出遇いというものが、その後の安田先生の一生を決定したのだろうと私は推測するのですが、おそらく読書としては、清沢先生のものも読まれたでしょうし、あるいは唯識論も読んでおられた。自分の本能に唯識論が合うのではないかということは感じていた。しかし、教義学としての唯識学というものには興味がなかった。それが、曽我先生の唯識というものに出会って、自分の一生の課題はこれだというような思いがしたということを語っておられます。そういう曽我先生との出遇い、金子先生の『仏教概論』との出会い、このことが結局、安田先生を近代真宗教学の担い手とした。

先生自身は野に生まれた。先生のお宅はお百姓さんであって、先生自身の骨格はお百姓さんです。そんなに背は大きくなかったけれども、非常にがっちりとした、ちょっとやそっと叩いても壊れないようながっちりした骨組みの体つきで首も太く、何も肉体労働をしていないのに肉体労働者と言えるような風貌であられた。先生の実家は、おじいさんが全財産をなげうって、鳥取の河川敷を改修するとかというよいことをすることが好きだったようでして、男の子がなくて、父上がご養子で入ってきた頃は財産はすでになかった。

安田先生のお父さんに当たる方は、男のお子さんが二人できた後、不幸にして家に帰されるということになって、おじいさんが亡くなった後、お母さんがこの落ちぶれた家を出なければならないような羽目になって、看護婦さんあるいは助産婦さんをして、子供さんを養わなければならないというような貧乏な生活の中でお子さんを育てようとして早く亡くなられた。

そういうことがあって安田先生は、本当は長男として、家を復興する願いを親戚一同からかけられていたそうですけれども、たまたま宗教心、菩提心にもよおされて、真宗大谷派に因縁が深くなって、一代、聞法に命を投げられた。

その中心問題は、ご承知のように唯識の解明です。しかも、護法の唯識、曽我先生から与えられた『了別と自証』の問題を一代かかって、えんえんと尽きることなく考えていかれた。何故唯識かという問題についてはよく分からないところがありますが、先生自身にこれを明らかにすることが、自分が持った思想課題の運命であるといいますか、そんなことがあったのでしょう。非常に情熱的に一代唯識論を解明していかれました。

結核に倒れて

それと、若くして母上を失っておられて、そんなことは先生自身は語ったことはなかったのですが、奥様が私におっしゃって下さった逸話があります。一九六七（昭和四十二）年に、これは私は忘れもしないのですが、ちょうど私どもが結婚をした年なので、忘れられない。結婚式の司婚をお願いに行くと、先生は、いまだかつて司婚などをしたことがない、嫌だとおっしゃるのを、どうか引き受けてほしいと頼んで、後にはたから聞いたところによると、先生は司婚というのはどうやってやるのだと言って、習っていたそうです。だから、先生の心の中では、あいつのことだから、しようがない、やってやろうと思っておられたらしいのです。

私どもは四月に結婚する予定だったのですが、先生は二月に北陸に講義に行かれて、寒い中を風邪を引いておられるのをおして連続講義で会座を三ヶ所ほど回られた。北陸あたりの大きなお寺には、書院の外に御殿というのがあって、法主が来られた時だけ通す別棟がありまして、その別棟の中は昔のままですから、冷え冷えとして冷蔵庫みたいなものです。そこに炭の手あぶりを置いてあたるような形でしかなかった。おそらく、昭和四十年代の初めというと、いくらか石油ストーブみたいなものは入るようになったかも知れませんが、とにかく寒い。先生は、自分が教えた学生が帰ってそこの住職になっていて、先生を招待するという場合は出向かれたわけです。風邪を引いている中で講義をされて高熱が出ていても休まれない。

京都へ帰って倒れられた。あんまりひどい咳をするからというので、医者へ行くのは嫌だと言うのを、奥さんが医者に来ていただき無理矢理に診察をしていただいたら、これはちょっとおかしい、すぐ入院せよということで、先生の縁の深かった富田病院というのが近所にありまして、院長の別宅で昔、安田先生が相応学舎の講義をしておられたことがあったそうで、そういう因縁でその病院に強制入院させて診たところ結核だと。老人性結核だということで、絶対安静を命じられたそうです。

しかし、先生は頑として絶対安静を受け入れないで、見舞客には絶対安静だそうだと言いながら、看護婦がいないすきを見ては本を読んでいるというようなことだったそうです。そんなことで、富田病院では駄目だということで、京大の結核研究所の所長さんが金子先生の門下生であるという仏法の因縁があって、京大病院の結核病棟に入院された。富田病院では個室だったので自由勝手だったのですが、今度は大部屋ですので他に患者がいるものですから、勝手に電気をつけることが許されない。夜は真っ暗闇になるということで、少しく安静を取られるようになった。

本当に頑固な先生で、よくこんなに頑固にできるなあというほど頑固な一面があった。その頑固な先生と同じ部屋に女性の患者がおられたそうですが、その患者が長い入院生活の中で亡くなっていかれたらしいのです。そうしたら先生は退院されてから、奥様に何も言わずに、その女性患者のお宅に黙って弔問に出向かれたらしい。一周忌にも出向かれたらしい。

向こうでは変な顔をしたそうです。病院で何かあったのではないかみたいな顔をしたそうですけれども、先生はそうではない。奥様が言っておられたけれども、母親が若くして死んでいったというこ とがあって、その女性が結核になったということと、家族関係がどうだったのかわからないけれども、とにかく病棟に入っているのに一人として家族が見舞いに来なかった。隔離病棟ですから、見舞客が嫌がるのです。結核が移るのが嫌ですから、あまり見舞いに行かない。そういうこともあったのでしょうけれども、家族が、ご主人も子供も誰も見舞いに来ない。そういう中で、結核で亡くなっていかれたその女性に対する哀れみといいますか、そういう思いが先生に強かったのではないかと、奥様は私にこっそりと話して下さいました。

頑固さとやさしさ

そういう一面が先生にあって、表は頑固で絶対に人の言うことを聞かない。本当に頑固で七十歳過ぎてから、入れ歯が壊れて、歯がなくなって、空気が抜けてしまって喋ることがよくわからない。それで弟子がどうか歯医者に行って下さいと言ってお金をあげると本を買ってしまう。曽我先生のところに年賀に行った時に、「安田君、君、何を言っとるか分からんから歯医者に行きたまえ」と言われたが、帰って来た後、私に向かって、「いくら曽我先生が言ったって、医者に行くわけにはいかんよなあ、君」と言うのです。私は返事のしようがなかったのです。

そういう頑固な一面がおありだったのですが、隠された一面に先生のやさしさというか、哀れな存在に対する同情の念、哀れみの念の非常に強いところがおありだったということを知らされたわけです。そのことは、単にかわいそうな人に対する同情心というよりも、先生の人間存在に対する憶念の情というものが、やはり親鸞教学に出遇わざるを得ないような因縁を持っていたということでしょう。

禅宗の強さといいますか、先生の表は一面禅宗の居士のような強さがあって、先生は社交が嫌いで、社交的な付き合いを一切なされない。先生を利用しようとして、宗政家やらが寄って来るのを絶対に受け付けない。社交的儀礼というものを一生なされなかった。普通ならちょっとは折れるところを絶対折れない。菩提心に立ってしか付き合わないという非常に強い一面のある方だったのですが、裏に先生には、弱い優しい面があったということを知らされました。

キリスト者の殉教のことに触れましたけれども、イエスという人に対する先生の情念という面でも、イエスが信念のために十字架で死んでいったということに対する思い入れが、普通の仏教者が持つキリスト教に対する憎悪のような思いとはまったく異質な、人間の苦悩に対する痛みのようなものが先生にはあったのではないか。どうもそのことが先生をして、単なる教学者を許さない。教義学というものは、どうも思想というよりは、言葉で防衛的に、自己保身的に体系を作り上げるようなところがありますから、そういうものを絶対許さないところがあって、教義学者に対しては、もう絶対に許さないような言い方をなさっておられました。人間として許せないというような言い方をなさった。何であのように強く言われるのかというと、単にあいつは菩提心がないという言い方ではなくて、教義学者というものが許せないというのは、人間のナイーブな、本当に人間が人間でありたいというものをどこかで殺していくようなものを、先生は一代の求道の中で何回か目にしたのではないかと思います。ご自身もそれでひどい目に遭われたことも、人生の中でおありだった。

単なる教義学を超えて、仏教学というものは人間学だという言い方をなさっていました。人間が人間を学ぶ、本当に人間を学んでいく形としての仏教学だ。そういうことをおっしゃっていたのは、教義学であるよりも、人間学であれという先生の祈りのようなものがあったのではないかということが思われます。

茂田井教亨との対談

晩年に先生は対話をなさったことがありました。これは曽我先生の責任を引き受けられたわけですが、日蓮の学徒であった茂田井教亨という先生がおられまして、日蓮教学の方では泰斗で、茂田井先生と言えば大先生なのですが、この茂田井先生を引っ張りだして、安田先生と対談をする企画が出され、それに出られたことがありました。対談と言っても対談にならないような、安田先生がほとんど一人で延々と何時間も語られるような妙な対談だったそうですけれども、それでも茂田井先生は黙って聞いておられたそうです。

茂田井先生という方は、日本橋の商家の生まれで、縁あって日蓮宗の僧侶になられて、立正大学を卒業なされて、自分はやっぱり教義学はやりたくないということで文学をなさった。それが曽我先生の『日蓮論』を読んだ。日蓮上人について曽我先生が論文を書いておられて、その独創的な日蓮論に触れて日蓮教学をやる気になられたという逸話があります。

そういうことがあって曽我先生の教学というものを日蓮教学の中に取り入れなければ日蓮教学の命が回復できない。日蓮上人が殺されてしまっている。日蓮上人が教団に祭り上げられるだけで、生きた宗教者としての日蓮がなくなっているのではないかと言うのが、茂田井先生の叫びなのです。立正大学にも曽我先生が見たような日蓮を取り込まなければならない。だから、曽我先生の流れの学問というものを何とか知ってほしいという茂田井先生の願いがあって、それで安田先生との対談ということが試みられたそうです。

若い時代に、安田先生は日蓮上人を読んでおられるのですが、あまり本能として日蓮上人とは合わないらしいのですが、「曽我先生は、本能で日蓮上人が好きだった」と、安田先生は曽我先生についておっしゃっていたことがあります。「叫ぶような日蓮に曽我先生はどっかで本能が合っていたのだ。だから曽我先生は東京が好きなのだ。僕は東京は嫌いだ」こういう言い方をしておりました。日蓮上人は、ご承知のように千葉の生まれで、関東気質と言いますか、関東武士みたいなところがあります。

曽我先生は新潟の越後の生まれで、お母さんがお百姓さんからお寺に嫁に来ておられて、曽我先生の血筋に半分お百姓さんの血が入っています。『法華経』は譬喩経だと言われますが、経の中に地涌の菩薩ということが出てくる。その地涌の菩薩が曽我先生は大好きで、法蔵菩薩は地涌の菩薩だということを言われたことがありました。地面を割って竹の子が出でくるように、地面から涌き出るような菩薩、そういうイメージが日蓮上人と出会って曽我先生に、日本に大地を割って涌き出た菩薩、そういう点で日蓮上人を評価するところがあったようです。

人間として何かを求めるものがあれば触れたいということがあって、安田先生は茂田井先生と対話されたようですけれども、後で私におっしゃっていました。

「自分はがっかりした。曽我先生と縁を結んだというから出て行ったのだけれども、あれは教義学者だ」

と一言のもとに言っておられました。つまり、教義学者というものは語るに足りないというわけです。場所を京都の比叡山ホテルという、山の上の景色のよい所に設定したらしいのです。はじめて京都の町を一望にできるホテルのもとで、夜景を見ながら安田先生は大説法を打ったらしいのですけれども、それっきり茂田井先生とは縁がなかった。

ティリッヒとの対談

先生は思想問題として語るということが自分にとっての使命のように感じておられたらしくて、そういう点では、還暦の年に先生としては一代の事件が起こった。それはアメリカからティリッヒという神学者が来られた。キリスト教団が呼んだのでしょうけれども、その時、同志社大学で講演をされた。その機会に東本願寺の側の願いで、安田先生と信国先生との鼎談が催された。

ところが、その話がはずんでどうしてももう一度会いたいとティリッヒが申し入れてきたので、わざわざ軽井沢に席を設けて、再度鼎談を催した。『宗教と文化』（岩波書店刊）という本の中にティリッヒが、「日本の仏教者と会った。一人は僧侶で、一人は思想家であった」ということを書いている。それを先生は非常に喜ばれて、「信国君は僧侶だね」と言っておられたことがありました。その時の対談でティリッヒは安田先生から示唆を受けられたということを語っています。

先生は、一代を通じて教義学ではなくて、人間の問題としての思想を明らかにしようとした。したがって、ティリッヒの著作も読んでおられたし、新教出版社から出ていたキリスト教神学関係の雑誌『福音と世界』を亡くなるまでずっと購読しておられました。それも信仰としてというのではなく、もちろん信仰と無関係ではないのですけれども、先生は現代の問題とキリスト教が切り結んで、新鮮な思想問題をいつも取り上げられている、その問題を一緒に考えたいという思いがあったのではないかと推測するわけです。

本当に生き生きとした思想問題をいつも見据えておられて、『唯識三十頌』を一代読み続けられたのです。そういう古典を読んでも現代の問題と切り結んでおられる。そういうことが先生の一代の歩みになっていたのではないかと思います。

相応学舎での学び

もう一つは、先生は縁あって大谷大学に来る学生と一生付き合われた。といっても先生に似たような頑固な偏屈な人間が、一学年に一人いるかいないか、一人いれば先生と縁ができるということです。普通の人間は寄り付かない。とにかく不機嫌な顔をしているし、会えば難しいことを言うし、何を言っているかわからないし、大体地位も名誉もないのですから。大体何々教授だから行くとか、何々大学で学問をするために行くというのが学生なのです。何を言っているのか分からない人が野にいるのですから、普通は行かないわけです。

幸か不幸か真宗大谷派の中に偏屈な者がたまたま学年に一人ぐらいあって先生を尋ねて行く。そうして先生に縁を結ぶという形で相応学舎は、一九三三（昭和八）年頃から、私が行きました一九六一（昭和三十六）年頃までに二十数年の歴史を経て来ていたわけですが、先生が亡くなられるまで続いた。相応学舎四十周年記念ということで、一九七三（昭和四十八）年に記念講演を催したことがありました。そういうことで、先生は一代、学生の会を大切にされ、その会は相応学舎と名付けられた。

瑜伽という言葉は相応と翻訳されている。ヨーガです。唯識論の学派は瑜伽行派（ヨーガ・チャリヤ）と言われ、ヨーガという言葉は相応と翻訳されている。安田先生が語る場合、一生涯の中心は私塾であった。学生が聞く場所であったが、その会処を曽我先生が相応学舎と名付けられて、ご自分で筆を取って相応学舎とお書きになった。その小さな看板を安田先生は生涯大事にされた。

幸いにして学舎に学生がいなくなるということはなかったそうです。四年間に一人や二人はいる。ひどい時は、相手は一人の学生で、先生の講義が三日間続く。そういうことがあったそうで学生の方は大変だったと思います。ともかく潰れずに続いたのは、来る者は拒まず、去る者は追わずという自由な学舎だからだと言っておられました。来る者はいないし、縁ができたからには逃げるに逃げられないというのが関わった側の学生の心情だったのではないかと思います。

そういうふうに続いた相応学舎から、終戦後ですけれども、『僧伽』という雑誌が出た。これには先生の学舎に対する思い入れがありました。宗教に触れた人が誕生するその一人一人が教団なのだ。教団という体制があるのではない。仏法に触れた人が生きているところに、共同体として教団があるというのが先生の信念であったようでした。しかし真宗大谷派を先生は決して否定されませんでした。

それこそ教団として封建時代をくぐり、長い七百年の年月を越えて来た教団の宿業というものを先生は無下に否定はされませんでした。一九四三（昭和十八）年に、訓覇信雄さんが作戦を練ってとにかく先生を得度させようというので強引に東本願寺で得度させたそうです。その頃はまだ、法主自ら頭を一応なでて得度されたのだそうですけれども、先生はそれを否定なさらずに得度を受けられたそうです。

得度を受けられた後、あういう純潔な先生でしたから、そんなことは菩提心とは無関係だと言いそうなものですが、そのことについての感想を書かれておられます。親しかった北原さんという方が越後におられまして、その方への手紙を後で見せていただきました。先生は非常に感動されて、縁あってこういう教団に迎え入れられた、本当に自分は僧伽を賜ったと書かれています。先生は自分は本当に資格なくして教団を賜ったということを時々おっしゃっていました。

あの頑固な先生がこんなことを本当に感じたのかと思うほど謙虚に素直に、先生は古い体質の教団に迎え入れられたことを喜んでおられたのです。そういうことがあって、表は完全に法主体制、ヒエラルキー体制、そして念仏の教えがほとんど聞かれないような状態で続いているという情けない体制になっている教団に対して、非常に愛情を持たれて、その中に育っていく若き学舎の一人一人が教団を担っていくのだと。やはりそこに清沢先生が感じられた教団の恩義というものを先生も感じておられたのです。

教団の恩義を感じて

ここがやはり近代のキリスト者と言われる内村鑑三と清沢満之との決定的な違いだと言われるのです。内村鑑三は、キリスト教を本当に心底信じたわけですけれど、しかしキリスト教団というものは、キリスト者として必然ではない、無教会主義でいくと言い出された。内村鑑三は無教会主義という形で縁のあるところでキリスト教を伝えていった。そこでは非常に優秀な、その後の日本の天皇制国家体制の中で、かろうじて自由主義というか信仰の自由を支えようとした人達がたくさん育った。

それに対して清沢満之は教団に身を投げた。そのおかげで早くして死んでいく羽目にもなったわけですが、清沢先生にはあたかもキリストのような意味がある。清沢満之は人類の苦悩を担ったのだと安田先生は評価しておられました。だから教団を担うということと教学をするということは別のことではない。我一人信仰を得るとか思想を考えるのではない。教団と共に考えるのだということを安田先生は、ご自分に課すがごとく考えておられて、自分の小さな学舎の数人の学生が作る雑誌の題に「僧伽」という名をつけられた。「僧伽」というのは古い釈尊の時代の教団に名づけられた名告りです。この時代の僧伽は、比丘、比丘尼の共同体のことを言ったそうです。釈尊の弟子は広く四衆といって、在家の弟子は優婆夷、優婆塞と言われた。出家の比丘・比丘尼の共同体のことであった「僧伽」という言葉をわざわざ取られた。

親鸞聖人にとって果たして浄土真宗の教団はどうして出て来たのかということが私にとっては新しい課題になっているのですが、こういう教団が果たして親鸞聖人から許されるだろうかと思われるほどの状態である。そういう教団を先生は非常に厳しい批判を浴びせながらも決して見放さず、暖かく情熱をかけて、その中に新しい息吹きとしての人間を送り込んでいこうという願いで、「僧伽」という雑誌を創刊された。学生が作った原稿を持って来ると、赤インクで真っ赤になるほど手を入れて、ガリ版刷りの手作りの新聞あるいはパンフレットのような機関紙を出していかれるのを暖かく見守っておられた。

先生の教学というものには、単に一人の自由人が自由に野で思索したとは言えないものがある。やはりどこかで親鸞聖人を仰いで、親鸞聖人から同朋と呼びかけられ、念仏に生きようと決断した人達が生み出したこの教団体制、その重い歴史を荷負った体制に縁あって結ばれた先生が、自分の思想の課題というもの、仏教学からすれば唯識、信仰の問題としては念仏を本当に主体的に生きようとされながら、しかも人間が生きる場所として宿業の重い教団というものとの関わりの中で、何か重い課題を果たしていこうとされたわけです。

私どもが先生を憶念する時に、いろいろな面のある先生であったけれども、最後は、先生はやはり真宗大谷派の中に催される会座にいのちをかけられた。最後は本当に呼吸するのも辛い、散歩などもできないほど体力が弱っている中を、お寺で催される聞法会、地方の聞法会に二月の寒い中を出向かれて、帰って来て倒れて亡くなっていかれた。先生の一生はいのちをかけた情熱の歩みであると同時に、人類の思想問題を一心に荷負って歩む、しかも腐り切った教団の中に根を据えて、なんとか生きた教団になってほしいという願いをかけていかれた。こういうわけで、私どもが先生を憶う時、とても先生の課題は荷負い切れないわけですけれども、一片端なりとも先生の志願というものを頂きたいと思うことです。

先生が亡くなって十年ですが、先生自身は曽我先生を対象化して語ることがなかった。決して曽我先生とはこんな人だというようなことを語ることはなかったし、何故そうしないかということについては、自分の語ることは全部曽我先生と言ってもいい、曽我先生から全部頂いた、自分の語ることで曽我先生でないことは一つもない、だから自分のことを語ることしかないのだ。精一杯考えると、これが曽我先生を語ることなのだと言っておられました。そういう意味で私が安田先生を対象化して語ることなど許されないのですが、一応、私が頂いた先生の一面を、縁あって皆様方に語ることも無意味ではなかろうと思いましてお話させていただきました。

情熱的な求道の姿勢

私は長い間、安田理深先生の下で手ほどきを受けて、仏法を聞くについてどういうふうに聞いていくのかについて、本当に長い間教えをいただいて、とても安田理深先生の真似などはできるものではないのですけれども、先生は一歩一歩全力を傾けて、仏法の問題にかかわるという姿勢を貫かれた。先生はあまり公の場所、あるいは大学のような一年間を限って講義をするというようなやり方、あるいはベルが鳴ったら止めるというような考え方を一生ほとんどなされなかった。外から締め付けがなかったこともあるのでしょうけれども、それにしても、じっくりと腰を据えて、ひっかかったことがあると納得のいくまで、その周を回り続ける。本当に永劫の三千大千世界を慌てず騒がずじっくりと見ていくという姿勢で仏法を語っておられた。

先生の講義には、『唯識三十頌』『正信偈』『教行信証』の他に東寺でなさっておられた世親菩薩の『十地経論』があり、そういう講義に私は加わっていたのですが、学生の身分としては大雑把でもいいから、一応全体が何を言っているのかが聞きたいと思って聞きに行っても、一向に先に進まない。

一年どころか三年たっても、五年たっても初めの部分しかやって下さらないというので、学生だと普通それで諦めて帰ってしまうわけです。

けれども、先生はその部分その部分のところを仏法全体を問うことで関わっておられて、先に進んだら分かるというものでもないといわれるのです。一つ一つのところに、仏法全体の問題をかけて読んでいかれる。そういう読み方をなさった。これはちょっと他に例がないかもしれません。曽我先生でも、それほどねちこく集中的に講義をなさるということはあまりなかったと思います。

安田先生が、例えば『浄土論』の講義をなさると、まず十年位はらくにかかってしまう。なんと気の長い話かと思っていたのですが、私自身が関わってお話をしてみますと、なるほど十年位はすぐかかってしまうので、やっぱり単にとんとんと解説して終わるということではなくて、一つ一つのところに主体的な問題、信仰の課題を、本当に先生は厚みや深さをもって、人間存在の全力をかけて、その深みというものを徹底して掘り起こされた。

ですから、安田先生は、自分みたいな者は東京向きではない、東京というところは浅く広くだ、東京の人間はとにかくささっと済まして、それで分かったような顔をしていればそれでいいのだ。しかし、仏法はそういうわけにはいかないと繰り返しおっしゃっておりました。

わたしが大谷大学にいった年から後に、先生は大谷大学に来られて「願生論」というテーマで講義をなさった。「願生」とは何かということを繰り返し繰り返し講義をなさった。先生は六十二、三歳頃から講師に来られて、講師であっても一応定年があって、六十五歳で定年制にひっかかって身を引いたわけですけれども、その間、大学の講義を非常に大切にされた。先生はノートを作っておられて、そのノートが残っていたことが発見されましたけれども、繰り返しているようでも同じことを言っておられるのではない。

先生としては、「願生」という問題をずっと考え続けておられるわけです。聞く学生からすると、また同じことかというような感じなのですが、少しずつ問題が展開しているのです。けれども、その展開というものが学生にはほとんど分からない。そんな講義でした。先生は、実存の課題、人間の本当の信仰の深みの問題を自らどこまでも納得するまで思索していかれる。

しかし、学生はまだとてもそんなレベルではないわけですから、だいたい世間関心でウロウロしているようなレベルで安田先生の講義を聞こうとしてもまるで歯が立たない。ですから、分からないということになるのですが、先生は学生が分かる分からないということにおかまいなしに講義をして下さった。あの当時の学生は（いつでもそうかもしれませんが）一般的には要領よく単位を取って卒業さえすればいいというような関心ですから、先生が何を願っておられるのか、何のために講義をしておられるのかはほとんど関心がないので、分からなければ止めてしまう。講義の一年の始めには、物珍しさで一遍くらいは、顔を見ようかという者も含めて教室が一杯になるのですが、夏休みを過ぎてくると、もう十人を切る。そして最後、正月を過ぎるというと三人位になる。毎年そんなふうでしたけれど、先生はそんなことにはまったくおかまいなしに一貫して講義をなさった。その情熱というのは、何であれだけ一生懸命元気が出るのかということが学生には分からない。しかし、今から思えば、先生は一貫して大菩提心といいますか、大菩提心の願について、人類の果てまでも明らかにするような課題を担って、本当に命尽きるまで続けようという、普通では考えられないような情熱をもって仏法に関わっておられたわけです。本当に頭が下がる思いです。

無窓という名告り

無窓というのが先生の号です。いつ頃からお使いになられたのかということはちょっと分かりませんが、一九一四（大正三）年十四歳の頃、草夢と自ら名乗っていて、後に自分が若い頃、夢草と名乗ったといっている。十六歳の頃は、曹洞宗で出家受戒して慈徳良圓と名づけられている。号に無という字をつけたのも、いかにも禅宗の僧侶の好みそうな名前です。無窓という発音からすると、鎌倉時代に夢窓疎石という大変立派な鎌倉の円覚寺を建てた禅僧がおられます。無の字が違いますが、そんなことで、自分の号として若い頃から使っておられますので、ひょっとしたらそういう縁があったのかもしれないなと思っております。

だいたい号を使うというのは、文人とか墨客がよく使われて、曽我先生なども文筆活動をしておられた若い時代に、臨水という号を用いられたことがあります。明治時代には、文を書くについて号を持つということが流行って、一般的だったのでしょう。そんなこともあって先生は号を持たれた。その号を生涯使われて、必ずと言っていいほど無窓の印を、揮毫された時には押しておられます。ですから、先生の愛された号だったということが言えるかと思います。先生が亡くなられてからは先生を記念したご命日、二月十九日には無窓忌が勤まります。

そんなことで、無窓というお名前について憶念してみると、「窓がない」という言葉は、先生から何回かお聞きしたことがあります。号について、こういう意味だということは先生からお聞きしたことはないのですが、窓がないということについては、お話になったことがあります。一六〇〇年代に活躍したドイツの哲学者でライプニッツという人がいます。ライプニッツの有名な著作に『モナドロギー』というのがありまして、安田先生は時折『モナドロギー』に言及なさった。ライプニッツという人は、外交官などもして、大変な天才で物理学、数学、法律学など多方面にわたって十七世紀のヨーロッパに大きな影響を与えた人ですが、その人が哲学の書として『モナドロギー』というのを書いた。非常に小さな本です。ヨーロッパの哲学書には、カントにしてもヘーゲルにしても大きな著作があるのですが、ライプニッツの『モナドロギー』は非常に小さい。

安田先生は本当に完成した思想というものはああいうものだという一つのたとえとして『モナドロギー』を言っておられたことがありました。その『モナドロギー』のモナドというのは日本語に翻訳して「単子」と言われています。安田先生が言及される時は、唯識の「阿頼耶識」と関連してモナドということをおっしゃる。人間存在というものが一人一人全宇宙を持っている。単子というのは、物理学でいう原子とか、分子とかいうような物質の一番小さい因子という意味ではなくて、哲学的な概念です。

分割して、質量があったり、面積があったり、体積があったりする、そういうものを言うのではなくて、存在を確保するような、一切の存在が持っているような因子をモナドと名付けた。このモナドという考え方は、ヨーロッパでは古い伝統があって、ギリシャ哲学以来モナドということは言われてきています。そういうものを受けて、ライプニッツがモナドということで世界全体を考えようとした。

モナドロギーと阿頼耶識

世界にはたくさんのモナドがあるけれども、そのモナドの一つ一つが全世界を持っていて、それは予定調和している。その考えは非常に阿頼耶識に似ている。阿頼耶識は無数にある。その無数にある阿頼耶識一つ一つが、全人類の可能性を孕んでいて、一切の種子、種を持っているということが言われている。人間にとってあらゆる存在というものは人間が経験しうる意識の内容ですから、人間が経験しうる一切の意識内容は、一人において完全円満している。完全円満した因子を持った存在が無数にある。

安田先生は阿頼耶識ということを考える時に、『モナドロギー』と相呼応するものを感じられたのであろうと思います。ただし、『モナドロギー』では、窓のないモナドという性格を持っている。窓がないということは唯識の方で言うと本有種子という考え方です。一切の経験の可能根拠というものを本来すでに持っている。

そういう考え方に対して、唯識の種子、経験の可能性というものは、経験してきた結果蓄えられているものである。熏習されたものが種子であるというのが唯識の方の考え方である。その場合に、経験してきたということが作り上げた経験の可能性、ここに種子と熏習という二つの概念があるわけですが、熏習というのは経験をしたということによって、することができたということが経験の可能性というものを蓄える、つまり経験できるという可能性は既に経験したということが蓄えている力である。

物質的な表現で言えば、人類が人類になるまでに何億年という命の営みの中で、どういうふうにしてきたか分からないけれども、遺伝子が命というものを相続するについて大変複雑な情報というものを引き受けて次の命に伝えていく。経験してきた命の営みの中で得た情報処理能力を蓄えて遺伝子というものが次の世代にまた伝えられる。

そういうような形で既に経験した結果が可能性として蓄えられる。私が音を聞くということができるのは、先祖伝来、音を聞いてきた歴史が、今ここに能力として音を聞く力というものを私に授けてくれている。私が色を見るという能力も私が作ったわけではない。生命が始まって以来の色を感覚してきた歴史というものが、私の今色を見る力を蓄えてきたという考え方です。経験した結果が経験する能力というものになる。

新しい経験をするということを新熏という言い方をして、それに対して、それによって与えられている可能性、経験しうる力というものを種子と言う。

そこに二つの立場というものが出てくる。人間の可能性というものは全部本来与えられている、運命論的な可能根拠は全部既に与えられて生きているのだという考え方、これを本有説と言います。それに対して全部経験の可能性というものは新しく経験することによって生まれるという新熏説があり、唯本有説と唯新熏説、この二つの立場というものが唯識の中に現われてきて論争をする。そういう大きな二つの立場があるのですが、どちらでも説明ができる。

つまり、卵が先か、鶏が先かみたいなものです。どちらにももっともなところがある。ところが、『成唯識論』の翻訳者である玄奘三蔵の大事にした護法という人の説は、唯本有説でもないし、唯新熏説でもない。本有と新熏両面を認める説を出したのです。どういう意味かと言うと、どちらも種子というものを実体化して捉える。固定したものとして考えるからどちらかということになる。我々の経験に即して事実をおさえれば、種子というけれど種子が既に実体としてあるのではない。種子は経験することによって種子があったということがはっきりする。経験しないのに種子があるかないかというのは観念論であって、経験してみたら経験できるという可能性があったということがはっきりする。

だから、本来あったというのは新しく経験したことによって証明される。経験されなければ本来あることもないことも分からない。本来なければ新しい経験というのが成り立つ根拠がない。だから唯本有説でもないし、唯新熏説でもない。熏習と種子というものは交互に証明するのだ。経験に即して事実をおさえれば、熏習と種子とは交互に証明するということであって、唯本有説でもないし、唯新熏説でもない。

　そのことが一番明らかになるのは仏法の可能性、凡夫がどうして仏法を聞けるかという場合です。唯本有説であるなら本来悟りの可能性を持っている。どうして放っておいて悟りを開けないのか。『安楽集』で道綽禅師が出している問いです。この問いを法然上人が『選択本願念仏集』の一番最初に取りあげてくる。本来仏性がある。『涅槃経』では、「一切衆生悉有仏性」と言っている。それなのに何故、我々は求めても求めても仏法というものが体得できないのか。本来仏性があると言いながら一向に仏性がはっきりしないのはどうしてか。そういう問いから『選択本願念仏集』というものを説き起こしている。

　本来というような本質性では、いつも迷っている自己というものは解決しない。そこに浄土の教えが、決して観念論では解決できない具体的な苦悩の群生に呼びかける如来の教えとして意味を持つ。これが法然上人が道綽禅師から取り出してきた最初の問題なのです。

　そういうことからも分かりますように護法という人は、単に経験説でもない、単に本質論でもない。経験と本質とは交互に証明する。そういう独創的な唯識説です。本当は凡夫は分かるはずがないにもかかわらず仏法の話を聞いていくと、仏教の言葉は本来悟った人の言葉ですから、悟った人の言葉が迷いの世界に呼びかけてくる。本当は凡夫は無始以来迷ってきているのですから、種子があるはずがない。無漏の種子をもっていないのが凡夫であるにもかかわらず、聞熏習によって、「ああ、そうか」というものが開ける。それは経験したことが体験できる。これはどうしてかというと、実は無漏の種子がなかったわけではない。聞熏習によって無漏の種子というものが本当の意味で目を覚ます。だから唯本有説でもないし、唯新熏説でもない。

しかし、迷いの意識である阿頼耶識自身は無始以来迷ってきている。ではどういう形で無漏の種子が阿頼耶識の種子となりうるのか。普通は阿頼耶識は依り処、依止である。一切の経験がそこから生まれ、そこに帰するような依り処、そういう経験の可能性を執持する。

一切の経験を保っているような主体、阿陀那（アーダーナ）は、しかし悟りだけを保っていない。悟りを保っているはずがない、迷っているのですから。では、どういうわけで悟る根拠というものを保ち得るのかという時に、阿頼耶識は法性、あるいは真如の依止とはなり得ない。そこで玄奘三蔵は苦労して依止ではなくて依附だと。どれだけ迷っていても、迷っている意識構造の本来性としては迷いを超えている。我々はどれだけ苦しんで迷っていても、迷っていたら悟りはないのかといったらそうではない。どれだけ迷っていても、本来は一如である。

本来の一如を我々が意識の中で間違って捉える。本来というものがないわけではない。存在の本来を生きていながら我々はそれを間違って把握する。我々の間違って把握する構造自体の根拠である阿頼耶識からすれば、一如あるいは悟りを種子として持つことはできない。しかし本来性として持っているのだ。そういう意味で依附というのだという言い方を安田先生はしておられました。そういうふうに了解したということは、安田先生にとって大変うれしい発見だったようで、それまで唯識をいろいろ考えてこられて、阿頼耶識にとって存在の本来性はどういう形で依止となりうるか、その問題をライプニッツのように考えていたならば、大変楽観的で放っておけば悟ることができるような感じになる。

凡夫の自覚としての無窓

しかし、親鸞の思想からすると放っておいたら永遠に浮かぶ瀬はない。もし如来の二種回向に遇うことがないならば、流転輪回は際もないと親鸞は言う。だから、放っておいて予定調和であるようなことは親鸞の思想からは出てこない。法然上人も『安楽集』を用いて、浄土の教えを通さないなら自分は悟ることができないとおっしゃるけれども、法然上人の三心釈では念仏に触れさえすれば内外が調和する。

ところが、親鸞聖人へくると内外は永遠に調和しない。つまり悟りの世界と迷っている自分の内なる愚かなる存在とは永遠に一致しない。永遠に一致しないという機の深信のところに、実は包まれてある自覚がはっきりする。こういう親鸞の思想に立ってみると、ライプニッツの思想の窓がないということは問題がある。いうならば、阿頼耶識は窓のあるモナドだとおっしゃったのです。

経験というものを無視して、可能性全部は宿業として与えられているという考え方をすると単なる運命論です。人間の境遇なり存在の在り方なりは運命的に与えられている、一切の経験の可能性は全部運命的に与えられているという考えになってしまう。そうではない。経験するということを通して人間は影響を受ける。一瞬一瞬の経験を通して人間は変わっていく。決定論ではない。護法が考えたように、可能性が決定されているのではない。可能性というのは経験することによって証明される。経験は念々に新しい。新しいものに出会うことによって、本来の自分というものがますます本来の自分として自覚されてくる。どういうものに出会うかは前もって決められない。出会うことによって、初めて自分とはこうだったのだということがはっきりしてくる。そういうものが実存の事実ではないか。だから阿頼耶識というのは窓のあるモナドだということをおっしゃった。

そうしてみると、窓があるというのですから、阿頼耶識を了解した立場からすれば有窓と名付けるところでしょうけれども、先生は無窓と名乗られた。表面的に取れば先生自身は社交を好まれず、若い頃は阿羅漢と名付けられるほど頑固に、求道心、菩提心一途に生きようとなさって、親戚とも音信不通、青年期を通して三十五歳までは女性とも一切関係を持たない。もちろん日記を見ると恋愛はしておられます。若い男として観念論的恋愛はしておられますけれども、直接女性とぶつかり合うような関係は持っておられない。禅の求道をなさった痕跡というものがあって、非常に孤独を愛され、孤立的な面が強い。一人でじっと生きることに耐えて、付和雷同的に友を求めるようなことはされない。

もちろん、菩提心によって師が与えられ、友が与えられる、それを拒むことはないのですが、決して先生は一生涯、いわゆる世俗的関心で人と交わるという心に妥協することをされなかった。あたかも聖道門の行者のような一面があったのです。そういう点で、先生自身は本当に公開された広い存在、一切の経験を受けて自由に縁のままに生きていくような宿業存在を本来の命として感じながら、自分の受けた宿業において閉鎖的人間であるという痛みを、窓がないのだというように表現しておられる。そんなふうにも了解することはできる。つまり愚かな人間である、頑固であって閉鎖的であるという意味で、無窓を名乗っておられるというふうにも一応は考えられる。

先生自身の号に対する意味付けを聞いたことがありませんので、本当のところは分からないのですが、先生があれだけ愛着されて使っておられた名乗りとしてお聞きすると、本来は窓がある存在である。本来は窓があるにもかかわらず、窓を閉ざすが如き在り方でしか生きられないという、非社交的だというよりも、もっと深く宗教的自覚として、本来如来の声によって開かれ、仏の光によって明るくなって生きる。そういう在り方に対してどこかで如来の音に耳を塞ぎ、如来の光に目を閉ざすような在り方をする凡夫の自覚として、無窓という名乗りを敢えて持ち続けられた。そんなふうにも考えられます。

本当のところは分からない。聞けば自分はこういう意味だということをおっしゃってくださったと思うのですが、これも今言ったようなデリケートな問題がありますから、どこまで冗談を抜きにして答えて下さるかということは本当は分からないのです。先生の理深という名は、曽我先生からいただいたと聞いております。

私どもの経験の事実としても、経験されたことによって確かに大きな影響を受けますから、影響なく本来あるのだということはありえない。本来の自分ではないほど変えられる。それは運命と出会い、人と出会い、教えと出会い、教育などいろいろなことで、本来の自分といってもないようなもので、自分とは何かといえば受けてきた歴史が自分である。自分が経てきた経験の蓄積が自分である。経験の蓄積ということは出会ってきた命の歴史ですから、命の歴史が自分である。それだけ変わってきた。また現にどういうふうに出会っていくか、変わっていくかということは念々に分からない。しかし、どこかでどれだけ変わっても変わらないようなものとして自分を感ずるところがある。そういう人間の在り方、これはライプニッツ流に言えばモナドなのでしょうけれども、モナド的在り方を唯識では阿頼耶識と言う。

阿頼耶的主体というものは、それを曽我先生が法蔵菩薩とおさえられたような、宿業を担いながら、その宿業を本当に解放するような志願というものを持っている。阿頼耶自体は無漏とか法性という根拠を持っていないのですから、持っていないものに本来の法性を回復せんとする志願である法蔵の名を付けるということは本当は矛盾している。それを曽我先生は法蔵菩薩は阿頼耶識だと。

阿頼耶という閉鎖された主体をも担って本当に解放しようとする志願が立ち上がる、それが阿頼耶識だ。つまり阿頼耶識の中に阿頼耶識を超えたようなものを見出して、それを法蔵菩薩と名付ける。宗教心自身というものと人間の経験構造というものとをぶつけ合わせながら、そういう意味で経験の可能性を窓と表現した場合に、窓がないという表現は一面で痛み、親鸞聖人の和讃で言えば、「浄土真宗に帰すれども、真実の心はありがたし」という痛み、懺悔をともなった名乗りという意味を持ってくるのではないかとも思います。先生が「無窓」を一生、号として愛されたということの持っている意味はなかなか深いものがあるのではないかと思って頂いております。

二　名義に相応する学仏道場

曽我、金子の追放事件

安田先生については、すでにいろいろとお話をしておりまして、改めて、どういうことを話したらいいのかなと思っていましたところ、川江さんの方から、今年は「相応」ということで話して欲しいと、テーマを出していただきまして、これは大変有難く思いました。

大正末期の頃に、西本願寺の方に鳥取県出身の野々村直太郎という宗教学の先生がおられて、西本願寺の僧籍を持っておられた方で、龍谷大学の教授職におられた。その方があえて『浄土教批判』という題で著作を出された。親鸞聖人の教えを聞く浄土真宗が、一般に布教しているような浄土の在り方で布教していては、世界に誤解されるし、一般に流布しているような浄土なら外道ではないか。親鸞聖人が明らかにした浄土とは一体何であるのかということを宗教学の立場から書かれて、テーマを『浄土教批判』とされた。

その内容は、浄土教のあれこれを全部扱うとかいう関心ではなくて、本当の親鸞聖人の信仰に帰ってほしいという願いが溢れている文章なのですが、西本願寺では、これを問題にし、呼び出して、野々村直太郎先生の僧籍を剝奪し教授職を追放するという事件があったのです。龍谷大学の方は、それっきり皆恐れをなして、もう浄土のことについては口を塞いでしまった。

ところが、清沢先生の影響を受けた大谷派では、金子大栄先生が大正の末にお話になった『浄土の観念』および『如来及び浄土の観念』という二つの講話がありまして、その内容が非常にすぐれているということで、その当時聴講された方が筆記をまとめられて出版された。この浄土の問題に対しては後に岩波書店から『彼岸の世界』という名前で著作が出ました。親鸞聖人が研究なされた「顕浄土真実」の浄土とは何であるかということで、『浄土論』の浄土を解明するという形で金子先生は答えようとされた。

その当時は、カント哲学全盛期で、特に京大あたりでは、新カント派と言われるような学派が取り上げられて、若き西田幾多郎先生が論陣を張っている頃です。そういう影響もあって金子先生は、カント哲学を勉強されていたのでしょうけれども、浄土とは何であるかという意味で、『浄土の観念』とおっしゃった。その「観念」とは、conception あるいは idea という言葉の翻訳用語だと思います。ところが、『浄土の観念』というタイトルにひっかかって、金子先生のお話の内容とか考えの内容を細かく吟味しないで、その当時の法主の命を受けた教学を判断する本願寺の機関で異安心だと決定し、先生にレッテルを貼り付けた。金子先生は、自分の信念をかけて、こういうことだということをお話しなさったけれども、その内容については別に咎めはないが、題が悪いということで異安心とおさえてしまった。金子先生も僧籍を剥奪せられ、大谷大学を辞めさせせられています。

一九二八（昭和三）年にそういう事件があって、今度は曽我先生にあの手この手の圧力がかかった。大谷大学とはいっても小さい大学だったと思うのです。私が、一九六〇年頃（昭和三十年代）に大谷大学に行った頃でも、一学年二百人を切るような大学でしたから、おそらく当時の大学は、一学年百人に満たないようなもので、大学というようなものではない。カレッジでしょう。そういうものだったと思うのですが、宗門から相当の額の援助を受けて成り立っている学校で、ほとんどの学生は宗門の寺院子弟、私が行った頃でも九割以上が寺院子弟でした。宗門の寺院子弟ということは、お寺の跡取り息子あるいは次男三男であって宗門に入りたいというような学生が入って来る学校、要するに僧侶養成学校という形だったのだと思います。そういうことですから、宗門が非常に密接に関係していて圧力をかけてくる状況があった。

曽我先生が教授に戻られたのは、一九二五（大正十四）年ですが、それから五年ほどの間に、有形無形の圧力がかかって、一九三〇（昭和五）年にとうとう、自分がいることが佐々木月樵さん（早くに六十二、三歳で亡くなっていかれた）にも迷惑をかけるということで辞められた。教団を支えているその当時のイデオロギーは古い封建体質そのものの考え方ですから、つまり大谷家の法主のみが善知識であり、善知識に背くということは僧籍剥奪であるというような雰囲気がまだ残っている状況ですから、学問の自由といって思い切ったことを言って、もしそれがちょっとでも気に食わないと圧力がかかる。こういう状況だったそうです。

曽我先生は頑固な方で、非常に意思の強い方だったけれども、おそらく自分が大谷大学に職を持っていることが、周りの人に多大な迷惑をかけるということで、そういう圧力に負けたわけではないと思うのですが、涙をのんで自ら辞表を書かれた。辞めろ辞めろという圧力があの手この手からきて、とうとう曽我先生が辞められたのが、一九三〇（昭和五）年です。金子先生の時から学生のストライキは起こっているのですが、曽我先生が辞められたあとのストライキは大変激しかったそうです。

松原祐善先生がまだ学生だったころです。そのストライキ問題をくぐって、それ以後の大谷大学はすっかりおとなしくなってしまった。反抗した教授は皆首を切られ、あるいは自ら辞表を出してストライキに賛同した教授はそれっきり戻れなかった。戻るをいさぎよしとしないという方もあったろうし、戻りたくても戻してもらえないという方もあったと思います。そういうわけで、それ以後の大谷大学は、宗門のいいなりのようになってしまったところがあったのです。

興法学園から相応学舎へ

その一九三〇（昭和五）年の追放事件を受けて、松原祐善、訓覇信雄という学生方がちょうど卒業する年にあたっていて、その方々が曽我先生、金子先生を囲んで興法学園という学舎を鹿ケ谷に作った。

その当時も鹿ケ谷は京都から相当離れていて、畑を通って田圃を通って行くような状況だったのでしょうけれど、ある金持ちの方が意気に感じて、一軒家を貸してくださった。そこに興法学園を開いて、その学園の寮長として、安田理深先生が入られて、何人かの学生と共同生活をされた。それは東京にあった清沢先生の浩々洞をモデルにして、一切私有物を持たない。地方から送ってきたお茶、お金、全部共同で使う。そういう形で共同生活を始められた。

そこから雑誌『興法』を出した。雑誌といってもタブロイド版の新聞のようなものですが、それを安田先生が編集責任を持って毎月発行していかれた。小さいけれど、ものすごく密度の濃い雑誌です。一九三〇（昭和五）年から一九三三（昭和八）年ぐらいまで続いた。

金子先生は、紹介して世話する方があって、広島文理科大学、後の広島大学に教授として赴任された。学生はそれぞれ郷里へ帰っていった。曽我先生も郷里に帰られる。そういうことがあっても、その後、新しく学生になってくる人達の教育という意味もあって、ずっと安田先生を中心に勉強をしていきたいという学生の願いがあって、安田先生一人が残られた。その会に対して曽我量深先生が相応学舎という名前を付けられて、ご自分で相応学舎と書いた表札を安田先生に託された。曽我先生の書かれた相応学舎の表札は、今も相応学舎の床の間に飾ってあります。相応と書いた字も額になって飾ってあります。学仏道場相応学舎という、小さいけれども、大変情熱のかかった学舎が誕生したのが一九三三（昭和八）年です。

といっても、学生は四年たったら卒業していくわけですから、入れ替わり立ち替わりですけれども、大体一学年に何人かというぐらいのものだったそうです。その後の大谷大学はすっかり牙を抜かれてしまって元気のいい教授は一人もいない。宗門の意向にへつらい続けるような教授だけが残ったわけです。抵抗するような人間は皆追放された。結局は、安田先生は野で、気骨のある学生、あるいは宗門の現状が面白くない、学校が面白くないという不良学生といいますか、そういう数少ない人達に対して、唯識論を中心にして独特の講義を続けられた。

それが、安田先生三十五歳から始められた。この間確認しましたら、奥様と結婚なさったのが一九三八（昭和十三）年だそうです。そして上賀茂のお百姓さんの一軒家の離れに住まわれた。周りは全部田圃でした。田圃のただ中に、小さな作業場みたいなものがあって、お年寄りの隠居所だったのかもしれませんが、そういう所を先生ご夫婦はお借りになった。もちろん田圃の真中でしたから、つるべ井戸を汲み上げる。丸堀りの井戸です。便所はもちろん、戸外にある。農村に一昔前によくあって、今でもたまにありますけれども、玄関を出て五メートルぐらい行った所に別棟で小さく建っているトイレがあった。そういうような所で先生は、一九六七（昭和四十二）年病気で倒れるまで生活をなさった。結核で倒れられるまで、相応学舎という学舎をずっと続けられた。五年ほど結核を患って、立ち直られたのは七十歳を過ぎてですけれども、改めて唯識論を読み直し、『十地経論』を読むというようなことで、八十二歳で命終されるまで、仏教の学問というものを身をもって歩まれたわけです。

先生が亡くなられた時に、松原先生が、相応学舎の主だったのだから、相応院がいいだろうということで、安田先生に相応院という院号を贈られました。そういうことで相応という言葉は安田先生にとって大変馴染みのある、また愛着のある言葉だろうと思います。

相応学舎の相応とは

　ところが、曽我先生が相応学舎と名付けられた根拠については、私は聞いたことがありません。相応とは何であるかということについて、安田先生は説明されるような講義をなされた記憶はないように思います。ただ先生は、『浄土論』あるいは『唯識論』をいつも心の中に思っておられましたから、世親菩薩の思想に深い関係があるということは思われます。ある時、仲野良俊さんが何かの集いで私と話している折りに、相応というのは、ヨーガだ瑜伽だと言われた。仲野さんは、安田先生の唯識にかけた願いを何とか布教に役立てようとして、『唯識論』の講義をノートに取り、教団の同朋会運動の先端に立って動き回る中で、唯識の講義をなされた。

　安田先生は、一番前に座ってテープを取りながら聞いている仲野さんに向かって、「わしの講義を薄めて売っている奴がいる」と、仲野さんが一生懸命ノートを取っている時、そうやってひやかしていましたけれども、それを仲野さんは覚悟の上で、先生の難しい講義を自分なりに薄めて売りまくったわけです。

　仲野さんの了解では、安田先生の唯識にかける情熱は、唯識の瑜伽行者として生きようとしておられるのではないかというように見ておられた節がある。それで仲野さんは、相応は瑜伽だと私に言ったのだと思います。

確かに辞書を引きますと瑜伽、ヨーガというのは今でも流行っておりますが、健康法あるいは呼吸法としてインドでずっと伝えられている一つの観法です。ヨーガという言葉を付けた論に、『瑜伽師地論』というのがあります。唯識は単なる教義ではなくして唯識観ですから、唯識の教えに則って定に入る。瑜伽というのはサマーディと同じような意味です。精神統一して真理と一つになるという意味を含んだ行、それが瑜伽です。ヨーガを実践する者のことを瑜伽師と言います。瑜伽を実践する人達の学問論というものが『瑜伽師地論』という大変大きな体系を持った書物になっています。『瑜伽師地論』は、瑜伽唯識の拠り所とする論の一つです。

そういう瑜伽学派の名前としての瑜伽という意味と、それがもうちょっと時代が後になって、密教が興ってきますと、如来の三業と人間の三業を一致させる行、人間の身口意の三業つまり経験や行為を如来の三業と一致させる行、その密教の行者を瑜伽行者というような、そういう行、ヨーガ・アーチャリアというようになったようです。

瑜伽行というのは日本に入って来た時には、密教の行者（阿闍梨）、瑜伽阿闍梨という言葉がありまして、阿闍梨の名前として流布しているようです。しかし、相応が瑜伽だとすると、努力し、精神統一し、真理と一体になるような神秘的な直観といいますか、神秘体験のようなものが瑜伽の目的だということになります。真言行者は、神秘的合一といいますか、自分の生きているということと、そこに用く如来の生命というものが神秘的に一体になるような境地を求める。自分の三業に三密が加持する。如来の密かな力が乗り移って、自分の行為が如来の行為になるような境地をヨーガの実践を通して獲得しようとする。そういうことで瑜伽行というものが求められていたようです。いうまでもなく、曽我先生が安田先生に託した学仏道の道は、真言密教のような神秘的合一をいったものではもちろんない。ヨーガにはもう一つの別の意味があって、相応という意味を持っている。唯識の教義の中で、心と心所、意識と意識に付属する心理というものを分ける。

唯識では意識を三層として、前六識と第七識と第八識という分け方をするのですが、そういう識別をして、それぞれに相応する心理がある、つまりどういう煩悩が、どういう意識に相応するかという使い方をする。その場合の相応は、関係あるいは関連、契合（ぴったり一致する場合）という意味で使われる。

日本語の場合にはちょっと例がないので考えにくいのですが、ドイツ語などでは、男性、中性、女性と名詞に性があります。名詞に性があると、それに付いてくる形容詞は全部その性を受ける。だから、女性の名詞に男性語尾を持った形容詞を付けるというのは文法的には間違いです。

意識の場合、何に何が相応するか、たとえば煩悩の中で貪欲と瞋恚というのは結び付かないと言われている。欲しい、愛着するという欲求と、嫌いだという欲求とが同時に起こるということはない。交互に起こることはいくらでもあります。愛するが故に憎さ百倍とかいうことはあります。しかし、同時に起こるということはない。そういうのは相応しないと言う。僻みと妬みとはくっ付いて起こる。そういうのは相応すると言う。

関係とか、関連とか、契合というような意味を持った間柄を相応という言葉で表して、相互関係を厳密に考察していくのが、唯識論の特徴である。

如実修行相応

唯識の立場からいうと、もともと瑜伽師というような行者を表すような意味と、関係概念を表す場合と両方あるわけです。唯識観の問題が、はじめに曽我先生が名付けた時の思いになかったとは言えないと思います。よく松原先生は曽我先生の真宗学の方面を受け継ぎ、安田先生は曽我先生の唯識の方を受け継いだと言われ、こういう意味で言うと、曽我先生の持っておられた学問的な問題の一面として、唯識の問題の方を安田先生が深め、真宗学の方面は松原先生が背負ったと。一応そう分けるとすると、そういう意味で相応学舎という言葉を安田先生の学舎に名付けられたとすれば、どこまでも唯識を捨てずに唯識を通して、仏教そのものを明らかにせよという曽我先生の願いというものがあったのかもしれない。

ですから、瑜伽行者という意味が全然ないとは言えないと思いますが、私はむしろ曽我先生が強く願われたのは、「如実修行相応」ということではないかと思います。『教行信証』の「信巻」の三一問答を結んで「一心、これを『如実修行相応』と名づく」（聖典二四二頁）と言ってずっと転釈があります。「一心すなわち金剛真心の義、答え竟りぬ。知るべしと」（聖典二四二頁）、この『浄土論』の「如実修行相応」という課題、ここに相応という言葉の非常に重たい意味がある。

「如実修行相応」という言葉は瑜伽行の完成といいますか、そういう意味も内面的には孕んでくるのですが、これを『浄土論』を通して、本当の意味で人間の上に仏教が相応する。『浄土論』に、

我、修多羅、真実功徳の相に依って、願偈を説いて総持して、仏教と相応す。（聖典一三五頁）

と、相応という言葉が出ています。その仏教と相応するという内容が『浄土論』一巻を通して、解義分で、

口業をして讃嘆したまいき。かの如来の名を称し、かの如来の光明智相のごとく、かの名義のごとく、実のごとく修行し相応せんと欲うがゆえなり。（聖典一三八頁）

という言葉があります。「如実修行相応」というのは『浄土論』のここにあるわけです。相応学舎は、別に唯識観の道場という意味ではありませんから、この「如実修行相応」の相応ということを、私は相応学舎という名前に強く感じます。

教えを通して仏陀の教えに本当の意味で相応する。つまり曇鸞大師の場合は、函蓋相称と言いまして、函と函の蓋とが合うように、仏教の教えと自分がぴったりと合うという形で相応を了解しておられますが、唯識の場合は、物と物とがぴったり合うように教えと自分が合うというよりも、教えの言葉、教えの方法を通して、自分の上に本当の主体が成り立つ。教えられたことが対象としてあるのではなくて、教えが自分自身にまでなってくる。教えと自分とが二つあって一つになるというよりも、教えを聞くことによって自分の中に新しい自分が誕生するというような意味をもっている。教えは歴史の中に伝えられて来た言葉ですから、その歴史が自分の上に新しい歴史の事実となる。こんな意味

を持っているかと思います。

名義と相応する

相応という言葉は『浄土論』で大変重い意味を持つ。『浄土論』は瑜伽行者としての天親菩薩の論でもあります。瑜伽の課題を『無量寿経』の本願を通して明らかにする。そういうことが自分の上に「一心」として成り立った。世尊の前に、私は「一心」が成り立ったという、その「一心」を「如実修行相応」だと押さえるわけです。

大雑把に言いますとそういうことですが、「如実修行相応」という言葉について、『浄土論註』の言葉を見ていただきますと、まず、

かの如来の名を称し、かの如来の光明智相のごとく、かの名義のごとく、実のごとく修行し相応せんと欲うがゆえに。（聖典二一三頁）

と、これは『浄土論』の言葉です。これはどこにあるかというと、五念門の中の第二讃嘆門というところです。礼拝門は身業、讃嘆門は口業です。その口業のところにある言葉です。その言葉に曇鸞大師が注釈を加えている。

どういう注釈かというと、

「称彼如来名」とは、いわく無碍光如来の名を称するなり。（聖典二一三頁）

と。親鸞聖人が「行巻」で、

大行とは、すなわち無碍光如来の名を称するなり。（聖典一五七頁）

と書かれているのは、これが典拠なのです。

「如彼如来光明智相」とは、仏の光明はこれ智慧の相なり。（聖典二一三頁）

と、光は智慧の相である。明るくなるということは智慧の用きである。

この光明、十方世界を照らすに障碍あることなし。（聖典二一三頁）

と、これは『阿弥陀経』の「彼仏光明無量、照十方国、無所障礙」（聖典一二八頁）から引かれています。

よく十方衆生の無明の黒闇を除く。日月珠光のただ室穴の中の闇を破するがごときにはあらざるなり。（聖典二一三頁）

この世の光、つまり日月の光、珠の光は暗い部屋とか穴とか黒闇を明るくするという用きだけれども、如来の智慧の光は十方衆生の無明の黒闇、衆生の意識の闇、衆生の根本欠陥である無明の闇を除く。

次に、「如彼名義欲如実修行相応」を一段としてまとめて、

かの無碍光如来の名号よく衆生の一切の無明を破す、よく衆生の一切の志願を満てたまう。（聖典二一三頁）

という註をつけておられる。これも親鸞聖人が「行巻」に引用されるところです。名号が無明の闇を破する、そして志願を満たす。この註は、実は『浄土論』自身の国土功徳、器世間荘厳の中にある言葉を拠り所としています。「名号よく衆生の一切の無明を破す」ということは、光明功徳を受けてい

るし、「衆生の一切の志願を満てたまう」というのは、一切所求満足功徳を受けている。
浄土（国土）の用きを、曇鸞大師は名号の用きとしてここに注釈をしている。つまり、浄土と仏名とは別ではない。如来の世界は如来の名前と別ではないと、曇鸞大師が受けとっておられることは明らかです。ところが大事なのはここで、

しかるに称名憶念あれども、無明なお存して所願を満てざるはいかん。（聖典二一三頁）

名を称し憶念しても、現実として自分の上に光が用かないのは何故か。「無明なお存して」は、「無明由存」ですから、「存するによって」と読んでもいいわけですが、親鸞聖人は「由」の字を「なお」と読んでおられる。まだ存している。そして「実のごとく修行せざると、名義と相応せざるに由るがゆえなり」と、「実のごとく修行する」と「名義と相応する」と、こういうふうに曇鸞大師は読んで、相応するという言葉は、名義と相応するという意味と、如実修行と相応するという二つの意味を孕んでいると解釈された。

「名義と相応せざるに由るがゆえなり」（聖典二一四頁）とあります。そこに「由る」というのを理由の「由」という字を書いています。ここのところは、曇鸞大師の文章は、

由不如実修行与名義不相応故也。（聖教全書一・三一四頁）

となっています。

ここの言葉を安田先生は晩年に至るまで何回も何回も考えておられて、一九八三年二月に亡くなる寸前に私がたまたまうかがった時に、このことを言っておられまして、

「曇鸞大師は天親菩薩の『如彼如来光明智相如彼名義欲如実修行相応故』（聖全一二七一頁）という『浄土論』の文章を『如彼名義』の頭で分けて、『相応』は『名義』と『如実修行』にかかると読んだ。しかし、『相応』の内面に『名義と相応せざる』と『実のごとく修行せざる』の二つの問題として読んだ。どうだろうね」

と言っておられました。

「もとの梵文をこう翻訳したのだけれども、もとの意味としては、曇鸞大師のような読み方は無理じゃあないかな」

と言って、安田先生は首をひねっておられました。

そこに、私は何か謎をかけられたような感じを受け、ずっとその問題を感じております。そのことを随分考えてはみたのですけれども、何を先生が考えておられたのかちょっと分からない。

三種の不相応

曇鸞大師の解釈は、名義と相応する、如実修行と相応するという二つの相応について、

いかんが不如実修行と名義不相応とする。いわく如来はこれ実相の身なり、これ物の為の身なりと知らざるなり。また三種の不相応あり。（聖典二一四頁）

と、二つの不相応をこういうふうに分けて、三種不相応の方は「一つには信心淳からず」、「二つには

信心一ならず」、「三つには信心相続せず」（聖典二一四頁）という三つの否定です。

これを語って、

信心淳からざるをもってのゆえに決定なし、決定なきがゆえに念相続せず、また念相続せざるがゆえに決定の信を得ず、決定の信を得ざるがゆえに心淳からざるべし。これと相違せるを『如実修行相応』と名づく。（聖典二一四頁）

と。「不如実修行相応」の方は、心が淳くない、一つではない、相続しないという三つの否定をあげ、この三句はそれぞれ交互的である。

「淳い」というのは、淳厚というふうに言いますけれども、誠実である。浅薄な功利主義とか、損得打算とかいう心ではない。厚みがある。そういう信心の淳さというものがない。だから相応していない。そして、「一ならず、決定なきがゆえに」、これははっきりと決定していない。本当に決まったというのではない。だから、決めてみても迷い出すということで不相応だと。「三つには相続せず」、いつもいつも続いているというようなことがない。「余念間（へだ）つるがゆえに」、違う心が入ってくる。そういう心だから相応していない。如実修行相応ではない。

「如実修行」という言葉は、天親菩薩においては解義分で三度使われる。三度というのは讃嘆門で、口業讃嘆、名前を称するという所で一回。そして作願門、願生彼国の願いの所で、「欲如実修行奢摩他故」（聖教全書一・二七二頁）、「実のごとく奢摩他を修行せんと欲うがゆえに」（聖典一三八頁）という言葉があります。奢摩他を訳して「止」といいますが、止というのは願生の心になりきる。浄土を願うないという心に専注する。そこに願生心が奢摩他という意味を持つ。止というのは、他の心を起こらないようにして止めていく、他の心が起こらないように切り捨てていくという修行。そうすると本当のものが現れてくる。我々の心は散乱していて何でも見て、あれを考え、これを考えしてますから、本当のものは見えてこない。それを全部落としていって、願生の心そのものになった時に、本当に浄土が現れてくる。あたかも浄土に出遇うが如く、向こうから現れてくる。

そして、「欲如実修行毘婆舎那故」（聖教全書一・二七一頁）、「実のごとく毘婆舎那を修行せんと欲うがゆえに」と。毘婆舎那というのは、観察です。観察は、こっちから向こうを見るというよりは、向こうから浄土が現れてくる。如来の世界が現れてくる。こういうふうに使って、天親菩薩は三度、如実修行という言葉を使われる。

これは五念門の内容です。一応は表から読むと、先の瑜伽行者の行のように自分の努力で意識を統一して、向こうから現れてくるような意識になるように説いてある。その修行を通して浄土に生まれていく。解義分の初めに、「かの安楽世界を観じて、阿弥陀如来を見たてまつり、かの国に生まれんと願ずる」（聖典一三八頁）と、観と見とをくぐって願生するというふうに言っています。本当に浄土を観ていくことによって阿弥陀仏が現れる。見るということは出遇うわけです。見るということは向こうが現れる、それに出遇う。そこで初めて、本当に願生が成り立つと天親菩薩は書いておられて、如実修行が成り立つと願生ができる。

天親菩薩が言っている浄土というのは、教えの言葉として仏陀が説かれた浄土が本当に出遇われる内容となり、自分の本当の要求になるというように説いてある。ところが「相応」という言葉は、讃嘆門だけにある。奢摩他、毘婆舎那という場合には、相応ということを言っていない。

もう一つの問題は、『浄土論』の結びの方に五功徳門というのがありまして、そこに、

阿弥陀仏を讃嘆したてまつりて、名義に随順し、如来の名を称し、如来の光明智相に依って修行するをもってのゆえに、大会衆の数に入ることを得。（聖典一四四頁）

とあります。阿弥陀仏を讃嘆し、名義に随順して、如来の名を称する。そして光明智相によって修行すると。光明智相は修行に関係しているわけです。こんなふうに天親菩薩は考えておられる。だから、曇鸞大師の註を大事にされて曇鸞大師の解釈を通して天親菩薩の意味をうかがうことができたということで、親鸞聖人は三心一心について和讃を作っておられる。

曇鸞和讃を見ていただきますと（聖典四九三～四頁）、そのうちの二十七首から三十二首までで、その結びの三十二首目には「決定の信をえざるゆえ　信心不淳とのべたまう　如実修行相応は　信心ひとつにさだめたり」と。如実修行相応という課題は信心の問題だということを曇鸞大師は教えて下さった。普通だったら、如実修行相応というのは、努力して修行すると書いてあるから、瑜伽行者の修行内容のように読めるけれども、曇鸞大師の意図は不淳心、不一心、不相続心だから如実修行相応が成り立たないのだ、という所にある。不淳であり、一つでない、相続しないということがある故に、無明が除かれない。だから、信心一つが決定すれば名義が具体化されて、光明が衆生の闇を除くのだ。それが、天親菩薩が讃嘆門に書かれている意味だと明らかにして下さった、と親鸞聖人は讃めておら

れる。

曇鸞大師は、「彼の名義の如く」という問題に対しては、『教行信証』の「信巻」に引用されておりますように、「実相身」、「為物身」という二つの問題を出している。実相身は一如法性といってもいい。形なき悟りそれ自身、如来は実相身である。法身といってもよい。実相身であって同時に、また物のための身、衆生のために身を現す。為物身。名義について、そういう解釈をしておられる。

つまり、曇鸞大師にとって、南無阿弥陀仏という名前になられた如来というのは、南無阿弥陀仏という名前だけれども、実相身である。諸法実相の形なき真如が形になっている。そして、それは物のため、衆生に呼びかけんがため、無明の衆生に法性の悟りを開かしめんがための大悲の形である。そういうような意味を曇鸞大師はここに表して、名前の意味というものを知らないということが名義不相応であるとおさえたわけです。

名号の教えと相応する

しかし、解義分の結びの方の第五功徳門の言葉から考えてみると、阿弥陀仏を讃嘆して名義に随順するとありますから、どうも曇鸞大師の解釈だけではちょっと足りないような感じも残ります。

阿弥陀を讃嘆することによって名義に随順する。如来の名を称して如来の光明智相に依って修行する。一応、讃嘆と称名は一つのことでしょうけれど、その意味を二つに分けて、名義に随順するという意味と、如来の光明智相に依って修行するという意味の両方を天親菩薩は語っておられる。光明智相の如くに相応するという課題もあるわけです。曇鸞大師は、これに破闇満願という意味を読まれましたから、破闇満願の相というものに相応する。破闇満願の用きを受けるというところに修行という言葉が置かれている。

清沢先生は信仰の問題を「修養」という言葉で語り、自分に不平不満が残る、自分に無明が残るのは、まだ修養が足りないからだと。教えを本当に身につけていないからだ。如来の願いを本当に聞いていないからだ。迷妄があるということは、つまり不信心だというような形で、まだ修養が不足だからだとおっしゃる。この場合の修行、修養というのは、自力というようなことでおさえてしまうわけにはいかないのではないか。もちろん修養の不足ということは自力なのです。修養の不足を自覚するということは、そこに信心の課題があって、つまり名号それ自身はすでにして光の名となり、破闇満願の用きを具して我々に呼びかけている。にもかかわらず、我々がその用きを受けないのは何故か。

知らないということと、心が本当に純粋でないという問題と二つを解釈された。しかし、もしこれを文法通りに読むならば、如という字は、「如彼如来光明智相、如彼名義」とありますから、「欲如実修行相応故」というのは、この二つの如を受けてくるのではないか。光明智相の如くに如実修行相応するという問題と、名義の如くに如実修行相応するという問題と二つある。

こう読めば、後の言葉が、名義に随順する。つまり、彼の名義の如くに相応するということは名義に随順する。阿弥陀の名とその意味に随順する。阿弥陀仏を讃嘆するというところに名義に随順するということが成り立つ。

これは、まさに親鸞聖人が第十七願を見出されて、諸仏称名の願といって、阿弥陀が讃めて欲しいと願っている。その阿弥陀を讃めるということが、名義に随順する。つまり、阿弥陀の名の意味にしたがう。こういう意味をもってきて、如来の名を称して、如来の光明智相に依って修行するというのは、如来の光明智相、つまり破闇満願の用きの姿に照らして、それと相応するという課題が修行と言われている。

如実修行という言葉は、天親菩薩の場合は菩薩において成立する功徳です。如実修行というのは修行という言葉がついているけれども、一如の行である。曇鸞大師は註を加えていますけれど、行じて行ぜず、不行にして行ずる。自らそこに現れている。そこに無理強いとかいうようなことがない。菩薩が本当に行ずる。本願力の不虚作住持功徳をうけて菩薩が用くということは何の無理もない。

曇鸞大師は不行にして行ずるという。本当に行ずることそれ自体になっている。どうにかなるだろう、やったらどうにかなるだろう、やらなければどうなるだろうとか、そんなことに配慮してやっているのは、淳心、一心、相続心ではない。行ぜずにおれずして行ぜられているという在り方を如実修行という。

光明智相と相応し、名義と相応するという二つのテーマを天親菩薩は語っている。だから、曇鸞大師の解釈は、智慧の相は智慧の相で一応解釈しておいて、名義と相応するということと如実修行と相応するということと二つに読んだ。不如実修行ということの問題は信心だと言われましたから、それを親鸞聖人は大変喜ばれた。

これはそれなりに意味があると思いますが、もとの言葉からするとちょっと無理かもしれない。しかし、曇鸞大師は、名号を称えてもまだ無明はある。教えとして名号を称えよと言われているにもかかわらず、まだ光明智相が用かない。あえて、自分は不信心のものであるという問いを出して、そして何故かということを明らかにされた。そこに単に自分個人が名号を称えてもまだたすからんということではなくて、そのことは人間存在の問題として、如来が名号を誓っているけれども、その名号がまだ自分には本当に相応してこない。こういう問題を出されて、それは実は信心の問題である。その疑念が払われた時に、如実修行相応が成り立って、それが「世尊我一心」という天親菩薩の信仰表白となり、「世尊我一心」ということが成り立つということが、この讃嘆門の意味だというふうに親鸞聖人は教えて下さった。

ですから、相応という言葉は、非常に広く、自力行として神秘的体験を求めていくような、そういう意味も孕んでいるし、さらには本願他力の教え、名号の教えと相応するということで、自分の中に本当に一心が成り立つ、信心が成り立つという課題も含んでいる。

相応学舎にかけられた願い

安田先生はいつも仏教の信心は神秘体験であってはならないということを言われた。宗教体験と言っても親鸞聖人が明らかにしようとされた本願名号の信心というものは、神秘体験をどこまでも批判する眼を持ち続けるという面がある。それはどこまでも疑問を通して、「しばらく疑問を至してついに明証を出だす」（「信巻」別序）と言われますが、どこまでも理性の疑いといいますか、言葉を本当に尋ね当てていくという作業なしに、真言密教のような神秘体験、神仏混合といいますか、そういうような方向に陥ってはならない。

本当に人間の主体を自覚的に明らかにする。決して特殊な行者が神秘体験を得て宗教体験を得たというのではなくて、日常生活のただ中で如来の名号をいただいて、生活を離れずして宗教体験が成り立つ。時々生活しながら、ヒョッと神秘体験してしまうというようなものではない。だから、そこにどこまでも名義を、仏の名の意味を頂いていく、憶念していく、尋ねていくというところに、安田先生は、天親菩薩の思想の仕事、優婆提舎といって論議と翻訳されますが、それを問いをもって尋ねていく。

信心を獲得するという問題は行で済んでいる。「大行」が成り立つと言ったら信心はそこにある。破闇満願の事実はそこにある。しかし、改めて「信巻」を起こすということは、その信仰自身がどこからどういう形で純粋に私の上に成り立つかということを、反省的にといいますか、神秘体験にしてしまうのではなくて、成り立っている信心の根拠を明らかにする。

本願との対話といいますか、本願を直接体験してしまうのではなくて、人間が煩悩具足の生活をしながら本願を頂く。そこに、憶念不断、いつでもいつでも相続し続ける問いをもって尋ねていく。そこで信心学舎とか、光明学舎とか言わずに、相応学舎と曽我先生が名付けたのは、やはり安田理深が論師だからではないか。論を通してつまり思想的問いを通して、信仰問題というものをどこまでも掘り下げていく。決してわしは悟ったとか、俺は信心を得たぞとか、そんなところに止まらない。それは、宗教者であれば当たり前の話だ。その上で信仰に立って、普遍の人類が明らかにすべき問題を一つ一つ掘り下げていく。

親鸞聖人がなされた仕事を改めて、唯識関心というものをくぐりながら、もう一度尋ね当てようという願いが安田先生にかけられてあって、安田先生は、曽我先生の願いというものを一代かけて、世界の思想と対話しようとし、世界の思想界と共通する問題を仏教の問題で探りあてようとして、本当に夜昼常に思索しておられた。

ああいう姿が、相応学舎という名前になっているし、また相応学舎を一生愛された意味なのではないかと思います。仲野良俊さんがヨーガだと言うのは、一面そういう面もないわけではないですけれども、あまりにも一面的だと思います。本当の安田先生の願いは、親鸞の信心、名号の信心というものに立った上でのことである。先生がおっしゃったのは、唯識は信心の脚注だと。唯識で悟るという意味ではない。

唯識は人間の意識というものをどこまでも学問的に解明している面がある。だから、瑜伽行で悟るという意味ではない。瑜伽行を通すことによって、いよいよ悟れない身、いよいよ煩悩深き身ということがはっきりしてくる。何でもありがたければいいというものではない。本当に人間の煩悩の深さというものを頂くということにおいての有難さというものがある。そういうことを一代かかって語りかけて下さったのではないかと思います。

大谷大学の学生にこの間講義をしてきましたら、誤解がある。これはやはり解けていない。安田先生は自力ではないかと。これは先生がおられたころからずっとある誤解です。本願他力と言ったらこっちは何もしないでいい。凡夫なのだから何もしないでたすけていただくだけでいいのだという救済、つまりもう済んでいる。だから問いはいらないのだという。本願他力とはそういうものではないか、そういう安売り信心みたいなものがはびこっている。学生の中にまだある。

清沢先生が問題にしたのは、そういう自分が本当に疑問を通してたすかるかたすからんかという、その道程を確認せよと。初めからたすかっているというのではすまないのではないかということを出したにもかかわらず、初めからたすかっているという人は迷う苦しみを知らない。信じられずに悩まざるを得ないという苦悩を初めから体験したことがない。本当はたすかっていないわけでしょう。そういう誤解が今でもあるのだなと改めて感じました。

教義学として他力が出てしまうと、初めから他力でたすかる。問題など問う必要がない。おまかせすると言ってそう簡単にまかせられないというのが自力の執心ですから、その自力の執心が何故降参しなければならないのかということを明らかにしなければならない。初めから降参せよ、降参すればたすかるのだということだけなら、親鸞聖人のこのお仕事はいらないわけです。

何故、「信巻」のこのような面倒な問題をやるのか。それは曇鸞大師のこの問いを受けて、たすからない人間をたすけんがためにどういうふうに考えていくかということを克明にやっておられるわけです。これはやはり、聞法であり、教学である。信心派といいますか、南無阿弥陀仏でたすかる。称えよといって、ナンマンダ、ナンマンダと、これだけなら何もいらないわけです。

そこに安田先生があえて相応学舎とおっしゃる。すると誤解される。ここには何か瑜伽行者でもいるのか。相応というのだから何か超能力でも持っている人でもいるのかという誤解があるような名前です。この間三河の方に行きましたら、そういう人が訪ねて来たそうです。「手相を見て下さい」と。「お寺です」と言ったら「あそこに相応と書いてあった」と。「相応というのは超能力の会ではないのですか」と、現代に至るまでそういう誤解が生じる名前なのです。

相応というのは、相応すべく本当に学ぶということ、つまり如実修行相応が成り立たない身において成り立つということがどうしてできるかということを明らかにしている。時代の問題もあるし、社会の問題もあるし、人間実存の問題もある。そういう問題をくぐって信仰を頂いていくというところに安田先生が苦労された面白さもあるし、有難さもあるのではないかと思うことです。

先生が亡くなられましてから、相応学舎に育った者は愛着があって何とか学舎を続けたいと皆言ったのです。

私は、「冷たいようですが、先生が亡くなったら相応学舎は終りです」と奥様に申し上げて、「あきらめて下さい。誰も継げません。先生一代の相応学舎です。お寺だと、虚仮不実で続いていくこともあり、何とかなりますけど、相応学舎は、如実修行相応した人だけしかやれません。相応学舎は誰も継げません」

と言って奥様をあきらめさせたのですが、奥様はあきらめきれず、三年ほどして、私に話に来て下さいと言って、とうとう引っ張り出されて、相応学舎という名だけは続いている。

そんなことで私どもにとっては、有難く、なつかしい名前です。その願いは、形が変わり、中心の名が違う名前になったとしても続いていただきたいと思いますが、こういうものは無理矢理続けるわけにはいきません。縁あって生じ、縁あって消えていくのがこの世の習いですから、学舎はなくなってもいいと私は思います。願いだけは続いていくことを願っています。

三　真実のサンガを求めて

雑誌『僧伽』の刊行

最近練馬の真宗会館から「サンガ」という機関紙が出ています。この言葉は古い言葉で、お釈迦様在世時代の原始教団、出家した男性と女性を、比丘、比丘尼といいますが、比丘、比丘尼の共同体を「サンガ」（漢字で僧伽と音訳する）と言っていたようです。出家した仏弟子の仲間、教団をサンガという。

それに在家の男女、優婆塞、優婆夷と言われていますが、これらを合わせた場合は四衆という言い方をします。四衆ということで釈尊を取り巻く仏教者、聞法者を総合していたようです。

僧というのはもともとは僧という一字ではなくして、僧伽と書いて出家の僧侶を総称する名前でした。それが日本で、僧伽に属する一人の人間を僧というように呼ぶようになって、出家者の姿をして修行する人間を僧というふうに使われていたのですけれども、もとへ帰せばそれは共同体の名なのです。

この僧伽という語を安田先生が改めて取り上げられた。ご自分が願いとした私塾である相応学舎から雑誌が出た。それは安田先生が出したというよりも、寄り集うた学生が自分達で何か雑誌を出したいという願いを持たれた。

雑誌第一号は終戦後に出たと思いますが、タブロイド版で折りたたみにして数ページの小さな新聞のような形で雑誌が出され、だんだん拡充して、第十七号まで続いております。学生が中心になって、先生の講義を筆録したものを主にして、当時寄った学生達が自分達の思いを書くという雑誌だったようです。

その雑誌の題が『僧伽』と名付けられて、漢字と横文字のローマナイズした梵語でサンガ（sangha）と書いてあったのです。古い言葉でもうほとんど忘れられていたこの言葉を安田先生が取り上げて、そこにあるべき本当の和合共同体ということを願いとされた。そういうことから僧伽というような言葉が改めて最近目につくようになって来たと考えられます。

仏教の共同体ということを考えるについて、共同体を成り立たせている原理ということを思いますと、ドイツの社会学者が、ゲゼルシャフト（Gesellschaft）とゲマインシャフト（Gemeinschaft）という概念を出しています。ゲゼルシャフトというのは、人間が共同するについて、利益を目的として、利益追求を動機にした共同体のことです。共通の利益を中心として結合した社会、利益社会、圧力集団、政治集団、会社集団などがそうです。

それに対して利害関係に関わりなく、自然的に結合した社会、共同社会、生まれて育った家とか村とか、人間として生活する中で言葉を同じくし、あるいは感情を同じくするというような人間らしいつきあいが成り立つ場所をゲマインシャフトという言葉を当てて、社会学的な分析をしているようです。

ゲマインシャフトというのは、人間がわざわざ作ろうというのではなくて、自然に一緒に住んでいる間にできてきた、土地を中心にして町とか村とかという形でできた共同体です。現代の人間関係ということを思いますと、ほとんどは、ゲゼルシャフト的な、あらわに利益が目的ではないにしても、たいがい利益追求がどこかで関係した共同体になっているのではないかと思います。

もって生まれてひとりでに成り立っていたような共同体はほとんど崩壊した。家庭といい、村落共同体といい、そういうものは現代社会では、ほとんどなくなった。一部近代文明が入っていかない所では残っているかもしれませんが、近代の科学文明が入ることによって、共同体の在り方が大きく変えられているということがある。

絶対平等の共同体

仏教教団の場合、釈尊は出家した順番に並ぶようにして、どういう能力があるとか、どういう技能があるとか、どういう徳を持っているとか、どういう家柄の出であるとか、そういうことを一切全部ゼロにして、改めて仏教を求める人生に出発し直すという意味で、いわゆるインド社会を根強くおさえているカースト制度、ヒンズー教の神々とともに人間の生れ育ちがもって生まれて決められているような差別構造を持った社会を根底から否定して、家を出る。

家を出るという時に家族も捨てる。地位、名誉、生れ育ちも捨てる。新しく姓を持つ。釈尊の姓を持つ。新しい姓を貰って、釈尊のもとで平等であり、同時に修行する人間として遊行する。所を定めずに旅をする。

持っているもので人間関係の中に特定の上下関係、命令関係というものを作るのではなくて、まったく一個の風来坊のような人間として、人と対等の立場で出会いながら、一体本当の人間とは何であるかということを語り続けようとする。無一物の人間同士として出会うということをお釈迦様は実践しようとなさった。したがって弟子方にも、『法句経』（ダンマパダ）にも出ておりますように、「一人して行け」、「犀の角のように、一人して歩め」とおっしゃいます。

徒党を引き連れて、ぞろぞろ大名行列のように行くというだけで圧倒的な力を持ちますから、修行僧として、糞掃衣を着て一人して行く。「その姿で本当に対話ができるのか」という非常に厳しい形を弟子に要請された。

したがって、裸で歩むという点で平等であり、一人歩むという意味で独立である。そういう生活形態を取りながら釈尊のもとに教えを聞くという点で集まる場合は、僧伽の一員として認められる。

この場合、共同体を持ちますと、生きた釈尊がおられれば、釈尊のもとに自分を磨く、自分が釈尊に教えを聞くということが成り立つわけです。しかし、弟子が釈尊のもとで夏安居のように一緒に生活しているだけではなくて、一人して遊行するということになると、そこにいろいろな問題が起きてくる。

そこで、こういう態度で生きねばならないという方向性と、そのためにはこういうことをしてはならないというような定めとが必要になる。そこで共同体に戒律が設けられた。

原始教団でもだんだんにできていったのだろうと思いますが、戒（śīla）、律（vinaya）というものが、教団の中にいる人間を規定する。それを破った場合は教団から追放される。釈尊の弟子としての資格を失われる。そういうことで教団の規律を守ったようです。従って、四衆の中の出家集団（比丘・比丘尼）の戒律というものは大変厳しい。

在家の場合には家を持ち、家族を持って生活の生業をするということになりますから、そんな厳しい戒律は守っておれませんので、かなりゆるい戒律が与えられる。

僧伽を成立させる動機は、お釈迦様の教えを聞くということですが、それを規定する形は戒律ということになるわけです。今でも日本に戒名というものがありますが、仏弟子の資格は戒名を貰うことだということになっているのは、戒を守るという約束のもとに仏弟子になる。戒がはじめから嫌なら弟子になれないということがあるわけです。

お釈迦様の教えに従えば、その戒は無理なものではないわけです。仏弟子として共同体を破る者、共同体の願いに背く者を止めようとするのが願いで、できないことをしろということを言っているわけではありません。

お釈迦様が亡くなられると、戒律が守られているか、あるいは仏弟子の資格があるかという決定は誰がするか。お釈迦様しか本当はできないはずである。そういうことで、戒を本当に守るということがだんだん難しくなり、戒が形式的になっていったのだろうと思うのです。

願心の共同体としての報土

三帰依というのがあります。三帰戒と言われる場合もありまして、一番初めは、仏法僧に帰依するということをもって、自分の精神的態度を保持する。そのことが戒の意味を持つ。戒ということのもともとの意味は、生活の中心を何に置くかという限定を自己自身に設けるということです。

ただ難しい規律を守るという意味ではない。その生活の限定をどういうふうに持つかという時に、仏法僧に帰依する。それに背かない。これが一番中心の戒の意味になるわけです。それがずっと広く、出家在家を問わず、一番根本の態度として伝えられたように思います。

仏法僧の僧はもともとは、比丘、比丘尼ですから、原始仏教の出家集団ということになります。ところが、教えがだんだん哲学化したり、言葉がやたらに分析され煩瑣学になっていったり、出家者の特別な学問内容になっていく。

そういうものを、もとの釈尊の願いを本当に実現するという方向に立て直す。それが、龍樹菩薩が旗印を掲げた大乗仏教運動というもので、空の思想によつて一切のとらわれを破って本当に自由な人間を回復するという運動である。

大乗仏教が興ることによって、在家の居士と言われる信者が、本当に大乗の志願を担うということになってきて、菩薩僧というような言葉が生み出されてきたようです。居士といって、家にいて修行する、修道する。維摩居士のように出家せずに、仏法を本当に実現していく。

インドに生まれたからには、どこの家に生まれたとか、どこのカーストに生まれたかということから抜けられない。家を持ち、友達を持ち、そこのカーストに所属している限りはどうにも動けない。そういうことで出家というのは絶対必要な条件、釈尊の比丘・比丘尼の僧伽の場合には必要な条件であったのでしょうけれども、それが優婆塞・優婆夷として在家の人々にも仏教が広まり、アショカ王のように国王であって仏教徒として仏教をインドに広めるような方が出てきて、出家教団のみが仏教を伝えるということではなくなってきたわけです。

そういう中から本当の共同体を求める要求が出てきたのでしょう。法蔵願心が国を作るという要求の根に、こういうことがあるのではないかと思います。

戒律をもって作る共同体ではない。もっと本当に共同できる原理を探っていく。与えられた自然の限定でできる共同体でもないし、単に人間の都合で我執の上に作り上げられた利害関係とか、名誉欲の関係とかでできる共同体ではない、本当の人間と人間の関係が成り立つ国を生み出そうとする原理が、法蔵発願というところにあるのではないかと思います。

つまり、法蔵願心が国を作るという時は、願心を原理とする。欲生我国と言っていますが、本当の根源的な欲求を原理とする国、共同体を生み出そうというのが、願心の共同体たる報土です。

一如に生きる真仏土

こういうことで、安田先生は僧伽という言葉に託して、生きた課題をもった共同体を呼びかけたかったのではないかと思います。如来が我が国に生まれよと呼びかける。

本国、本当の故郷というのは、先の言葉で言えばゲマインシャフトというような意味を持つのでしょうが、もっと本当に心を許して、本当に人間と人間が共同できるような場所、一番根源に帰して、如来の願いのもとに帰していったものが、第十二願、第十三願による国、光明無量寿命無量という国、光が無限で境界がないどこまでも明るみの世界である。

これを曽我先生は、公ということで言っておられました。ヨーロッパのパブリックという言葉のニュアンスとはちょっと違う。パブリックというのは何か社会性という意味が強いようです。漢語から日本語にきた公というのは儒教的ニュアンスがあって、国王のもとでの自分という場合に、公という意味を持つ。私というのは単に私個人であって、国のためとか、国王のためということになると公という意味を持つ。そういう意味で公という言葉自身にも問題はあります。聖徳太子などの時代の言葉で、公と書いてあると、天皇のもとでの公ということが出てきてしまいます。公を「おおきみ」とも読む。現在言う公という言葉とちょっと違います。

曽我先生がおっしゃりたいのは結局、如来の智慧、一如平等の智慧の前の存在でしょう。私達は、我執にまみれて自分というものを意識する。その場合、私という言葉が主体的という意味よりも、私利私欲とか私腹を肥やすという言葉があるように、私性というものがどこかに闇を持っていて、人には見せない秘密を保持して、そこに自分を隠そうとする。

それに対して、一如平等の法性の前にはどんな生活をしていても、閻魔大王の閻魔帳には悪事が全部記載されるというふうな形で教えられますように、私どもの存在は、いくら私的に隠したつもりでもどこかで現われている。全然現われないというわけにはいかないのです。

差し当たって警察官に隠すとか、税務署に隠すとかは一応成り立っても、どこかにあるからには閻魔様の目には止まっているはずですから、そういう意味で言えば、本当の意味では、私というのはないわけです。

私どもの妄念にあるだけです。妄念とか思い込みにはあるけれども、存在の本質としては、そういうことはあり得ない。本来においてはどんなことをしていても、どこかに見え見えである。

生まれて死んでいく命全体を見れば、皆見え見えである。そういうような意味で、真理の前の平等性というのが、公という言葉で曽我先生が言おうとした意味だろうと思います。その公が、光の無限性を国土とするということの持っている意味だと思います

寿命の無限性とは、永遠という言葉がヨーロッパの方にありますが、私どもの流れていく一念一念

の時間の変化というものによっては変わらないものであり、また一念一念が持っている無限の意味が無量寿という言葉、つまり本来の寿命（いのち）、本当の寿命という言葉で呼びかけられている。

無量寿・無量光を国とするものが真仏土です。親鸞聖人は、仏土を真仏土と化身土と分けられますが、その真仏土を根本原理として、それを要求するところに生まれてくる共同体であっても、私どもの上に意識的に見えてくるのは化身土である。

その化身土を批判して真仏土に帰していくというところに、欲生つまり生まれんと欲えという呼びかけの言葉が我々の上に歩みをもたらしてくる。

欲生心が成り立つ連帯というところに二重性があるように思います。私どもの上にあって成り立つとすれば、化身土的な連帯しかない。本当の如来の世界というものを根本原理としながら私どもがそれに立とうとすれば、どこかで化身土になる。

真仏土というものは本来形がないものの上に、無量寿・無量光という限定を設ける。どちらも無量という言葉で限りがないということをもって国とするのですから、形なき形といってもいいのです。まったく形がなくては国にならないけれども、一応国という形を持ちながら、しかし無限定である。それを私どもの上に意識的に求めるものとして呼びかければ、どうしても形あるところにとらわれますから、形あるものということになった時には化身土である。方便という意味を持った化身土である。

曽我先生が真宗を名前に持った教団であっても、現実の場所は化身土だという言い方をなさったことがあります。私どもにおいて本来求めるべき真の共同体は真仏土にあり、それは欲生心の根源に感じられる世界であるけれども、現に宿業を生きる私どもの上に感じられる共同体はどこかで重い限定を持ってこざるを得ない。

有相の形というものが、お経で語る物語的な形に止まらないで、現実の歴史や現実の人間関係をどうしても映してくる。しかし、それを単に理想化して形ないものに帰そうとしても、どこかで現実に逃れられないものを持つ。

本来お釈迦様のあの自由な求道の精神からすれば、聞きたい者だけ来ればそれでいいということで済ませたはずだけれども、人が寄って来る所に共同生活を作ろうとすれば戒を設けざるを得ない。戒というものは本来求道者にとって一一限定すべきものではない。各々の主体が自分に持てばいいものであるはずなのに、共同体として決めねばならないというのは、やはりそこに何か人間が共同するという時に、止むを得ない問題が出るわけです。

そういうことが具体的に社会の約束ごとをもって生活する中に共同体が生まれると、どうしてもある意味の有相の形というものが出てくる。だから有相の形が悪いのではなくて、それを本来の欲生心の世界に帰っていく縁にしていけば、十分の意味があると思われます。

独立者の共同体

僧伽という言葉は、安田先生が託した宗教的ロマンともいうべき共同体、菩提心の要求する共同体ということでしょう。独立者の共同体という言い方をしておられました。

仏法に立つということは各々本当の独立者になるということだ。何ものにも頼らない、何ものをも利用しないという信念を主体的に確立する。そういうところに成り立つ共同体、求道の共同体、菩提心が響き合う共同体、こういうことを安田先生は願いとし、自分でも自らに厳しく、あるべき宗教的要求で人間関係を生き抜こうという自己規制というものがあったように思います。

ですから相応学舎に入るとか出るとか、そんなことは決めない。来たい者は来る、入る者は拒まず、去る者は追わずと自分でおっしゃっていました。

人間としては、入って来る人間に好き嫌いがあったり、あるいは途中で出ていってしまう人間は、どうも面白くなかったりということは、先生の感情になかったはずはないのでしょうけれども、決してそういうことを表に出されない。

自由に出入りしていいという原則を徹底しておられました。釈尊で言えば提婆達多みたいな役割をする人間が、安田先生のもとにもおられました。

共同体の同質性を共同体の要因と考えるような人間からすると、何であんな人間がというような人間が安田先生の下で、俺は門下だというような顔をしている。しかし、同質的共同体を作るのではない。

菩提心の共同体ということは、本当に自分が自分になる。本当に自分が自分の存在の意味を自覚するということですから、似た者になるという意味ではない。だから、似た者同士が集まるという意味の共同体ではない。

皆、個性があっていい。だから独立者の共同体だ。一人一人独立しつつお互いに菩提心に立って関係し合う。こういうことを願っておられました。

親鸞聖人は、「同一念仏、無別道故」という『論註』の言葉を引いておられます。同じく一つの念仏をして別の道がない、念仏して生まれていく世界だと。

寺川俊昭先生が、『念仏の僧伽を求めて』という本を出しています。これは大行の僧伽を言おうとされたのだろうと思うのです。真の意味の浄土を国とするような要求によって本当に成り立つ共同体を求める。

しかし、真の和合の共同体を明らかにするということから言うと、念仏という行為による共同体ということにはどこか怪しいものがある。念仏の僧伽ということは、過去の例で言うと法然上人の教団がそうです。法然上人の教団というのは法然上人の教えのもとに皆念仏する。大声で念仏したり、別時念仏を設けたり、念仏一つ声を大きくし、節をつけたりして三昧に入っていく。そういう形で集まる。

木魚を叩きながら皆が一緒に同じ念仏をするということで何か共同体ができるような思いに浸る。これは、親鸞聖人が明らかにしようとした真仏土とはちょっと違うのではないか。

行というものが持っている意味は、自分独自の力とか、自分の学問とか、地位、能力とかで共同体を作るものではない。会社などはそうです。有能な経営者、金儲けの上手な経営者がある理念をもって、松下幸之助さんのような方が作って、そして人を寄せる。こういうのはある意味の立派な共同体でしょうけれども、真の如来の世界を指向する共同体という時には、個人の能力や力に立って作る共同体ではない。

末法という時代、お釈迦様亡き世に生まれた者、仏陀亡き世界に生まれた罪人に真の共同体が開けるかという時に、自分の能力、学問、説得力とかで作る共同体に幻想を持つということは、これは『無量寿経』で言えば諸仏の国土というようなものでしょう。

その諸仏の国に対して、法蔵願心が弥陀の本国を生み出したいという時には、自力無効ということを条件にする。個人の人間的特徴によって成り立つ世界ではない。

同一念仏という意味は、如来が一如にして用くという行として、念仏一つを選び取る。五劫思惟して念仏一つを選び取ろうということの意味は、個人の行への執着を破る。徹底して個人性を破るという意味が念仏にある。

その念仏をもって形にするとなると、念仏の魂は南無ですから、それを発音とか一緒に声を出すとか形にとらわれると、親鸞聖人は「南無というのは勅命だ」とおっしゃいましたが、如来の願心の呼びかけというものが、何か人間の行為の形に転化されてしまう。

もちろん「同一念仏、無別道故」なのですけれども、原理として念仏を立てるのではなくて、念仏は平等の行であるが、その原理は如来の願心の呼びかけである。如来の願心の呼びかけというのは形なきもので、それぞれが魂に響くものですから、形なきものにおいて本当の共同の原理を頂く。

安田先生という一人の人間の場合ですと、先生の周りに集うた場合にあまり大きな声で念仏する人はいなかった。別にすることが悪いわけでも何でもないのですが、別にそんなことをする必要がないほど、行が充実している。行がなかったわけではない。念仏がなければ成り立たないのですが、何もそれを大きな声で称える形を取る必要がない。何かそんな雰囲気がありました。

ご承知のように、安田先生は、「名は単に名にあらず」とか、「言の教学」とか南無阿弥陀仏ということを立てた教学を考えておられて、それを頂いておられるわけですから、念仏は根本原理なのですが、その根本原理を表に出すのではなくして、根本原理の魂は欲生心である。

欲生心を常に磨いていく、欲生心を本当に明らかにしていく共同体です。教学は僧伽の実践であるということをおっしゃっていましたが、聞法するということは、本当の共同体を明らかにしていく。

欲生心に立つ教団を目ざして

本当の個人が明らかになるということは、同時にそれが人類的課題が明らかになるということである。単に何人かが集まった共同体ではなく、人類の共同体だ。人類に献げる共同体だ。私どもは一人一人資格なくしてそれに召される。自分の徳とか、地位とか、金、財産のような資格を持って入るのが、この世の共同体ですが、如来の世界に入るについては私どもには資格がない。資格がないにもかかわらず、如来から呼ばれる。

そういう関係で関わるのが僧伽だ。人間が作るものではなく人間が賜るものだ。召されるという言葉にはキリスト教的なニュアンスがありますが、本願によって僧伽に呼ばれるのだということを安田先生はおっしゃっておられました。

呼ばれる形が念仏ですけれども、念仏を形にして共同しようとすると、やはり化身土になるのではないか。化身土を批判して真仏土に帰る方向をどこかで失ってしまう。

一緒に大きな声で称えていい気持ちになるというようなことになると、どこかに激しく称えているようだけれども根本原理が失われている。

個人的体験とか、その人が何万回念仏を行じたかとか数で評価したり、あるいは何年間勤めたかという年功で評価したり、そういう形にとらわれてくるのではないか。

本当に内なる欲生心、これはいつも念々に新しく、念々にどこでも響いていく。こういうことを原理にして本当の共同体を生み出していきたいというのが僧伽という言葉に託した意味だったのではないかと思います。

そういう意味からすると、既成教団を守ろうという関心では、本当は僧伽ということは言えない。

僧伽に奉仕する、僧伽に献げるべきものであって、僧伽を作るというように、寄って来いという感じで僧伽という言葉を利用してしまうと、それは宗派我を正当化するということになる。

欲生心に立つということは、ある意味で非常に厳しく宗派我というものを破って、本当の聞法関心を開いていくということです。どうしても人間として生きると、与えられたゲマインシャフトに対する執着がある。どうしても温もりを持った共同体みたいなものを妄想で持ちます。

実際そこに入ってみると何があるわけではない。お互いに厳しい人間関係があるだけなのですが、そこに何か妄念を持つ。よそよりはちょっとは気が楽だという相対的な暖かさを持つ場所みたいなものを聞法共同体と錯覚する。そういうのは本当の共同体ではない。

安田先生は、独立者という意味は釈尊で言えば全部を捨てて立ち上がったという、あらゆる人間的条件を全部否定して、一個人の人間として立ち上がったということであるとおっしゃっておられました。

こういうことによって成り立つ共同体とは一体何であるかという厳しさがあります。しかし、どうしても宗派という立場になると、ぬくぬくとした約束事の上にお互いに虚偽の信頼関係に浸っておれるということがあります。そういうものをどうしても脱却できない。人間である限り、そういう甘さというか、温もりみたいなものが、どこかで頼りになると思うのです。独立者になれない。何か依頼したり利用したりできる関係として共同体に所属する。これだったら世間の共同体とまったく同じことになる。では、世間の共同体とはまったく異質な共同体が果たして可能か。

これは人間の中には本当はできない。したがって、化身土と批判されるべき面はどうしてもあるのです。しかし、願いとしてはどこまでも一人一人が本当に欲生心を頂く。こういうことに立って、独立者の共同体というものを願いとする。これが僧伽を名乗る態度になるのではないかと思います。

私は始めの頃、安田先生を取り巻く人達の仲間というものが随分冷たいなあという思いを持ったことがある。何でこんなに冷たいのか。一緒になって温々として肩をたたき合うようなことがない。皆、傲然としているように見えた。それは傲然としていたのではない。安田先生の姿勢が、誰にも依頼しないという姿勢でずっと貫いて来ておられるから、その教えに触れた方々の態度というものが、真似するわけではないけれど、どこかでやはり新米で入ると冷たく見えた。

冷たいわけではない。欲生心の共同体ですから、欲生心の信頼関係がある。利用できるから信頼するとかという信頼関係ではない。冷たいとか暖かいとかいう言葉より、もっと根本的な信頼感を成り立たせる共同体があるものだということを思わされました。

本当の一番深みにある主体の問題に絡まない表のところでつきあうというのは虚偽ですし、嘘八百なのですが、何かそこに温もりがある。そこだけに留まっているなら、それは仏法ではない。化身土ですらない。単なる世俗である。

化身土というのは広い意味の報土で、如来願心の浄土の内にあるわけですから、化身土はどこまでも方便として方向性を持っている。欲生心の歩みを持っている。

それを失ったらまったく教団の意味を喪失する。こういう意味で、願いとして僧伽という言葉を使うということは、安田先生の願いに帰れば随分厳しい吟味が必要になるのではないかと思います。

存在の故郷としての浄土

また、現実の僧伽に対して、浄土について安田先生がどのように考えておられたかを考えてみたいと思います。安田先生は、浄土の教えを故郷ということとして、考えていこうとなさっています。その元は、善導大師の「帰去来」という言葉で、唐の詩人が辺境の地から故郷の人達の集いを念じて「帰去来」と言っている。それを善導大師は願生という言葉の意味として使っている。「帰去来、他郷には停まるべからず」（聖典三五五頁）とか、「帰去来、魔境には停まるべからず」（聖典二八四頁）と言って、我々が今いる場所である穢土を、善導大師は他郷とか魔境と言っています。本来の自分の場所ではない。魔ということは、誘惑や不安あるいは罪悪というような、人間を苦しめ歪め、本当の人間が心安らぐ生活を奪われている現象です。つまり、本来的な在り方からさまよい出て本来に帰れない。そういう現に今生きている在り方を他郷と言っています。そして、そこに留まってはならないと。

阿弥陀の国を本国と言っています。それが一つの手がかりになって、安田先生は願生の教えを、存在の故郷を要求する心が持っている意味として考察していかれた。一般的には、お浄土を願うという感情的な要求や、今の世界よりもっとよい世界へ生まれ直していくという理解として、親鸞聖人以降また逆転して、死後そこへ生まれていくとして庶民に布教された。

ところが、清沢先生の『他力の救済』で明らかになっているように、死後のことはまだ生まれていないものには分からないが、今ここに現に如来を信じるという信念において平安と安楽をいただく。この苦悩の命を生きながら、しかも信念に立つところに如来の光明の用きあるいは願の用きをいただいて、あたかも浄土にいるがごとき喜びを感じることができる。こう清沢先生は積極的に『他力の救済』で表現された。

それまでは、まったく現生では助からないで死後助かる、自分の力では助からないで自己の外の他力及び他界という概念で浄土教が教えられてきた。

それに対して、清沢先生は宗教的表現の内容を現世的関心で、浄土があるかないかと言っても意味がないとはっきりとおさえている。しかし、他界、死後、他力と教えられると、教えられたままに文字通り、実体的なものを考える。その考え方の誤りを正して、しかも本願力の信念内容を明らかにするというところに、清沢先生、曽我先生の大変なご苦労があった。現に大きな教団の古い体質の教学というものが壁のごとく立ちはだかる前で、真の救済ということを明らかにしようとされた。

そういう課題を受けて、安田先生が「存在の故郷」というテーマで浄土の問題を説いていくわけです。先生の十三回忌の折りに編集いたしました『親鸞の世界観』（草光舎刊行）に、その問題がまとめられています。

人間存在において故郷というものは、どうでもいいものではない。故郷という言葉が訴える響き、故郷に帰りたいと唐の詩人が叫んだような要求というものは、我々に響く。何かの仕事で、あるいは兵役で長年故郷を離れて生活しなければならないというときの望郷の思い、安田先生はこういう言葉を通して、人間存在にとっての宗教問題とは何であるかという根本問題を考えておられる。宗教問題は人間が故郷に帰りたいという要求だ。その場合の故郷は、安田先生は人間の理性的な考え方や、要求を正当化するような人間主義（ヒューマニズム）的関心での故郷ではないと言われます。

仏教が人間を見る見方には、根本的に迷いを生きているという理解があります。だから、人間をこのままで正しいとして、その上で人間の幸せとか、人間の解決を願うという考え方ならば、宗教にはならない。この世の課題をこの世的に解決しようとすることですから、広くそういう関心を人間主義的関心とおさえた。仏教は人間を迷妄とみて、その迷いを覚ますとはどういうことかとみていく。そして、それは神秘的直観、三昧の体験、臨終体験とか臨死体験ではない。

人間存在が本当にそこに帰らなければならないという課題において、人間主義的関心に埋没している限りは、苦悩の実存を超えることができない。人間はどれだけ理性だといってみても、根源的に自然から離れることができない。自然が与えている命の営み、環境をいただいて、人間存在が成り立っている。それは人間の理性より根源的である。

宗教問題は、親鸞聖人のおっしゃる「自然《じねん》の浄土」、仏教の根本的な概念で言えば法性、一如、真如の問題であり、真実証の内容の問題です。普通「人間と自然」といったときの自然は、人間が理解する自然ですが、自然《じねん》は人間が体験することもできないし、見ることもできない根本性、本来性です。人間として生きるなかで自然《じねん》が分からない、本当の自然《じねん》が失われている。さらに言えば、現代的人間は故郷を喪失している。自然《じねん》を喪失している。むしろ自然を破壊している。本来の自然《じねん》が与えられているにも関わらず、我々はそれを忘れ、むしろそれを踏みつけている。

人間が本当の自然《じねん》を取り戻すという課題において、感情よりももっと根源的な人間存在が持っている課題として、願生を存在の故郷の要求として明らかにしようとした。安田先生の未発表の原稿に、存在の故郷ということについて先生の独特の思索が展開されているものがあります。（『親鸞の世界観』所収の「浄土の存在論的意味」）

浄土ということを存在の本来性という言葉で考えている。「人間の存在としての故郷」という言葉になっています。人間存在の意味を問うというところに宗教関心ということが出てくる。

人間の定義を求めるのではなくて、本来の存在となることである。法性とは本来の存在である。それとなってそれを知るような存在の本来性という意味です。仏典には「法性の城」と言われている。存在そのものが人間のまだ見ぬ故郷なのである。存在していることを成り立たせている本当の在り方です。我々が存在として意識するのは、迷妄です。それを破るのが本来の存在、これは人間のまだ見ぬ故郷、我々からは直接体験できない故郷です。

これを「自然《じねん》の浄土」と言われます。存在するものとしての意味ではなくて、存在論的意味と言います。人間にとっての意味というよりも、人間を破って、人間が本来根源的にそれを要求している。我々が感覚的に要求しているのは、煩悩的に要求するものです。いかにも理想的に自由、平等、博愛とか言ってみても、結局人間関心的、自己中心的、自己共同体中心的に要求している。むしろ、本当の存在に対して我々の存在している在り方は、存在を否定する形で、存在に背いて生きている。仏教というとすぐ教義学的に考えるけれども、我々が意識して生きているという人間の在り方そのものが、自分を失った形でしかあり得ない。

超越的な本能的要求

仏教に立った安田理深先生の思索の大事なところはそこにあると思います。「存在の問題は意識や時間の問題と切り離しがたく結びついているが、宗教意識の根底をなす宗教的要求（菩提心）は、人間をしてその存在の本来性を回復せしめるといった意義をもつ」と。存在の本来を回復しようとする要求は、「超越的な本能的欲求」だという言い方もなさいます。

我々が要求するというよりも、我々を破って根源的に呼びかけてくる。本願の呼びかけとか、本願の欲生心という言葉で言われるものです。封建教学が伝えたような人間の外の他力ではなくて、人間存在が本来的に持っている要求、我々の意識する在り方そのものを根源から破ろうとする力を人間の根源に頂いているのだ。

我々の思いを破るような主体として願心ということを言われる。そういう願が人間の本来を要求するのだ。「この願心の自覚によって他なる何ものにも依らない（いわゆる相対的な他力ではなくなる）、したがって自己の主観にも依らない」と。それを「超越的主体」と言われます。

「この願心を離れるならば、人間といっても単なる人間主義的人間、根を失って浮動する意識的自己の人間があるのみである」と。自然《じねん》を失い、故郷を喪失した人間です。それが根源に願をいただく。浄土ということで、人間存在にとってなくてはならないものを呼びかける。その場合、人間存在は破られなければならない存在だ。

人間が本来あって、よいところを要求するという意味ではない。今ある在り方が根源的に翻されるべくあるのだ。破られて翻されて成り立つ根拠が法性であり、人間の故郷である。だから、願生浄土を失ったら仏教は成り立たない。

願生という概念は、単に死後の願とか、他界への願とか、そういう非実存的な要求ではなくて、人間にとってなくてはならない本当の意味の要求、人間である限り根源的に持っている要求である。その要求に目覚めないならば我々は自己を失ってしか生きられない。自分の意味を喪失してしか生きられない。そこから存在論的な意味としての浄土ということを考察された。

現代の問題として、こういう思索の在り方、言葉の使い方が、安田先生の独創性に留まらず、念仏の信念の内容として流布されるべきだと思います。現在の人間は、合理性、物質的豊かさの中で何の要求もない。少しは不安があるけれども、宗教なんかなくても生きられるのではないかという錯覚で、若い人達の非常に強い意味追求の問いや、不安感に全く応えることができない。今の批評家とか、いわゆる宗教学者などのオウム批判はポイントがずれています。根源的要求というものに全然応えないで、現れた現象だけを批判している。何故それだけ強い要求に若い人達が引かれていくのかという根本問題に敢えて触れようとせずに、そして自分の菩提心というものを本当に吟味せずに、現れている現象だけを批判している。

浄土を求めることの意義

浄土の要求というのは、単に理想郷の要求ではない。理想郷は人間主義的関心の世界です。そういう世界を戦いによって作るということになると次元が違ってきます。根源的な宗教的要求をこの世的に現象化するのではなくて、宗教関心とこの世関心とが重なりながら、この世関心を破って本当の宗教関心に帰していくのが、仏教の大切さだろうと思います。それを本当の意味で存在論的に明らかにされなければならない。

我々はいつも故郷に帰りたいということをどこかに強く持ちながら、いつも故郷を喪失している。凡夫として故郷喪失者としてしか生きられない。

自己の生活の歴史というものに縛られて今ある命を生きざるを得ない人間、宿業を生きる存在として限定された有限の命を生きながら、しかし無限で自由な本当の明るみの世界を要求せずにはおれない人間に呼びかけて、願生の教えというものを、存在論的な意味として自分に納得していこうということが、安田先生の営みであったのではないかと思います。

願生という言葉自身には垢が付いてしまっていますが、願生を人間にとって欠いてはならない実存的な本当に強い要求として明らかにすることがないと、願生と言っても、願生そのことが分からない。清沢先生は願生などいらないとおっしゃったわけではなくて、むしろ実存の苦悩を生きながら智慧の究極としての如来を信ぜずにはおれない、それを忘れるときには我々の生活は黒闇であるとおっしゃる。

如来を信ずるということは本来の呼びかけを聞くということですから、それを安田先生は、願生という言葉で言おうとするわけです。本当の存在の故郷を要求する願に触れるときに（願生に立つときに）、未来が現在に用いてくる用きに触れていく。そこに、親鸞聖人が「真実報土」として表現された課題と、我々が要求しながら本当にはそれに触れられないという信仰批判としての「化身土」の問題を総合して、『親鸞の世界観』では、三願転入を包んで「自然《じねん》の浄土」という課題が考えられているのです。

浄土という問題に絞って親鸞教学を構造的に解明したのは非常に珍しいことです。安田先生はこの話を、お百姓さんの聞いておられる会座で三日間なさったのです。先生の営みは、存在の故郷を明らかにするべく、自分のあらゆる疑難をぶつけながら思索していく。その営みはどこに行っても行われる。聞いている方は皆分からない。分からないけれども、安田先生の思索に触れると、今まで聞いていたものがどうも嘘臭い。だから、いよいよ聞かずにはおれないということになって、先生と一緒に存在の故郷を解明する会座が相続されていくのです。

存在の故郷と故郷を喪失した我々との間に橋はないと、安田先生はおっしゃっています。絶対の断絶だ、しかし断絶が橋だと。そこに、我らは浄土を要求せずにはおれない凡夫だということを存在論的に表現しているのです。

存在の本来性には帰り得ない。けれども、要求せずにはおれない。その要求は超越的要求で人間主義的要求ではない。今の在り方は虚偽であり、愚かであり、罪悪である。そういう在り方をいつも照らしてくるような根源的な力とともに歩む。断絶しつつ、しかし光の中にある。そういう構造をもって教えを聞いていくという意味が明らかになる。

先生の浄土の了解というものは、単なる浄土教というよりも、仏教学の思索を通した浄土の普遍的な意味、本願の教えの根源的な意味というものを解明している。『安田理深選集』第一巻を発刊するときに、松原先生は、安田先生の学問は真宗学でもないし、単なる仏教学でもない、仏道を歩む行者としての学問だとおっしゃっていました。

人間が仏になっていくという根源的要求を明らかにしていく。一点のごまかしも許さない厳密な、大変困難な、課題に対する粘着力の強い思索が、安田先生の故郷解明の思索です。

我々は、存在の故郷をどこかに本当に持たないなら、単なる流浪の民である。そこに大事な課題として、私どもは存在の故郷の回復を具体化しなければならないのではないかということを思います。それが願生浄土の信心として教えられる浄土真宗の信仰生活の内容だと思います。

四　相続し深められたものの尊さ

検証清沢満之批判

曽我先生、安田先生は、清沢先生の影響下に生まれてきた近代教学の流れに立たれた方で、その流れの中心にあるのが曽我先生で、その影響下で安田先生は独自の思索を展開されました。

二年ほど前（一九九五年）に久木幸男先生が『検証清沢満之批判』（法藏館）を出しました。十年ほど前から大谷派の近代教学に対して、内からも外からも非難が起こってきた。これは宗門がもってきた宿業のような課題ですけれども、本願寺住職、管長、法主という三位一体の宗教的権力を持った大谷家の当主が、国の法律下にある宗教法人としても、また近現代の組織の長としても、その社会的責任に背くような行いをし、また伝統の宗門の主としてもあるまじきことを行った。それに対して、社会的制裁が大正末から昭和の初めに一度行われた。それにもかかわらず、また同じような事件が繰返されて、宗門全体が宗教的に停滞し、世間からも疎んじられるようなことになってしまった。その経済的な問題を中心にして起こった宗門の葛藤の原因があたかも近代教学にあって思想的責任を負っているかのごとくに中傷非難され、その代表者として清沢満之という名前が出され、清沢満之の教学に対して保守派あるいは大谷家から非難が出た。それと呼応する形で、宗門内からあるいは西本願寺の歴史学者を中心にした学者の側から、清沢満之批判という形で近代教学批判がなされました。

それに対して、宗門の宗学あるいは教学に携わる者は、その論難を引き受けて反駁するという挙に出なかった。久木先生は長い間沈黙を守っていたのですが、見るに見かねて克明に事象を調べ上げて、その批判に対して致命傷と言えるような反駁をしている。その非難は、敢えて立ち上がってするほどの宗教的意味あるいは思想的意味が見当たらないこともあって、宗学に携わる者は受けて立たなかったが、久木先生は歴史的事象として、その非難が当たっていないといわれる。

清沢満之の表現の中で特に現代の問題になっているのは、当時の政治状況や社会問題に対して批判的に立ち上がっていないではないかということです。天皇を神としてその下に国作りをして、あたかも昔から天皇の一家族であったかのような思想で、近代日本が十五年戦争に没入していって、敗戦になった。その間、非常に強い天皇神聖の思想で他の宗教を丸め込み、弾圧して手も足も出ないように封じ込めてきた。その歴史の中で近代教学が何をしたかという批判です。疑似宗教であったにもかかわらず政治的権力を持っていたがために、それに反抗する発言をする宗教を悉く抹殺するというような厳しい状況の中で、近代の天皇制というものが日本国民の中に根を下ろしてしまった。親鸞聖人の思想を受け継いだはずの本願寺教団や法主体制が何をしたかを抜きにして、近代教学がそれに対して批判しなかったことのみを取り上げて非難し、近代教学を徹底的にやっつけるという論理が正統なものとして蔓延してきたのです。

これに対して久木先生は黙視しかねて、非難している人の立場自身を含めて、徹底的に検証してくださった。その結びで、近代教学と名付けられることが何であるかが曖昧なままに、近代教学と言われているという意味の記述があります。私自身も「近代教学論」ということを考えてみて、近代ということは非常に多義的ですから、何をもって近代とするかが非常に難しい。

高度成長を迎えて、それが行き詰まるまでは、近代・現代といえば日本人にとっては、前向きに評価できる概念だった。ところが公害をはじめ、さまざまな現代の行き詰まりが見えてきて、バブルがはじけて以降は、近代の罪ということが非常に強く意識されるようになってきた。そうなってみると、近代教学という言葉が、評価されるよりも批判されるという傾向が出てきた。

それに対して久木先生は、非難している立場が非常に曖昧で実証的ではないことを、相手の刀を取って切り返すように、非常に緻密な論説で展開して下さった。その最後に、清沢満之が近代の教学者だといえる要素は何であるかということを、脇本平也氏（東大名誉教授・宗教学者）の記述を元にして、次の項目にまとめています。すなわち（一）自由な批判精神、（二）信仰における個人主義的傾向、（三）非神話性、（四）表現の新しさです。今回のテーマ「量深から理深へ――相続し深められたもの――」を考えるについて大変参考になるおさえだと思います。

自由な批判精神

安田先生が曽我先生のことについて、非常に自由な方だったと言っておられました。曽我先生は決して人を縛るということをしなかった。安田先生は曽我先生を師と仰いで、教学の営みを一生続けられましたが、曽我先生は別に人を縛るような表現とか発想は決してされなかった。曽我先生の周りは自由な雰囲気に溢れていたとおっしゃっていました。

そのことは実は、安田先生自身にも私は感じていたことで、人間と人間のつき合いを求道心と求道心の呼応として貫こうという姿勢を崩そうとしなかった。ある意味でそれは非常に厳しいわけで、安田先生を利用しようと寄ってきた人間に対しては、厳しい姿勢で叱りつけて、その根性の間違っているのを徹底的に批判された。けれども菩提心に立って生きようとしている方の頼みという場合は、情熱をかけて応えようとした。たとえば四国から八十五、六歳になって、菩提心の催しでどうしても尋ねずにおれない老人が先生のお宅に来ると、その一人のために何時間でも何日間でも話をされた。南無阿弥陀仏が分からないという問いに対して、懇々と話をされた。こういう例を取ってもよく分かることですが、菩提心一つで人生を貫こうという要求に菩提心で応えようとし、それ以外のことに対しては全く自由である。

しかし、それは先生の奥様のような一緒に生活される方にとっては大変辛いことが多かったわけで、先生は一切お金の苦労をしない。一遍サラリーマンになったことがあったそうですが、わずかな経験の中にその生活を充分味わって、二度とサラリーマンにはならなかった。サラリーマンの辛さは自己を生活のために売ってしまうということだが、本当の主体は売れない。しかし、売れない主体がサラリーマン生活の中でどれだけ辛いかということを同情をもって表現しておられました。わずかな期間でよく本質を味わっているということを感じました。さらに名誉とか地位についてもまったく頓着しない。先生でもおそらく心が動かないはずはないのでしょうが、心が動くときには、その心を切り捨てて菩提心を貫こうとした。

自分に非常に厳しい方でしたが、人が訪ねていく場合には非常に自由な雰囲気でした。奥様がおっしゃっていましたが、大谷大学の学生などのどっちを向いているか分からないような学生が来ても、楽しそうに仏法の話を懇々として語っていた。奥様は生活の苦労がありますから、ミシンを踏んで内職をしていた。しかし、その辛い思いをして稼いだ金を、先生は目に付いたら持っていって本を買ってしまう。そのように生活としては大変だったのですが、先生自身は一筋に大菩提心を生き抜かれ、そして菩提心を学生に吹き込もうとして情熱をかけられた。

何ものにも縛られることなく、どこまでも聞法するという姿勢を貫いたという点は、精神として清沢先生、曽我先生、安田先生を貫くものであると同時に、その自由さが厳しい批判を持っている。教団や教学について、さらに人間の生きる姿勢についてでも非常に厳しい。けれども、自由である。決して階級とか身分とかの差別的な条件で縛り付けるような発想で人間を苦しめるような方向を取ろうとされなかった。久木先生も検証しておられますように、清沢先生も周りの人に非常に自由な雰囲気を与えた。目先のことではなくて、大事な大菩提心、宗教心を生きよと清沢先生も教えられたし、曽我先生もそれを受け継いで、自由な批判精神が一貫しているように思います。

信仰における個人主義的傾向

清沢先生の代表的な言葉に「自己とは何ぞや」というのがあります。一八九八（明治三十一）年、信仰の最終段階で他力真宗に帰するについて、エピクテタスの書物を縁にして信仰の揺るがない自覚を確立された。そこに出てくる言葉が「自己とは何ぞや」という言葉で、如来の本願が十方衆生を救うというような抽象的な話ではなくて、私において他力の信心がいただけたということを表現された。自己を対象化、客観化するような、近代の哲学、宗教学、科学等の学問を一端くぐった後で、その信心を主体化した。こういう点で非常に自覚的であり主体的です。

もちろん求道し、自分が南無阿弥陀仏の信心を獲得するという点では、時代を超えてその信念を確立する悪戦苦闘を一人一人がしたわけですけれども、自分自身が自身において信仰をはっきりさせるために、単に親鸞聖人の教学だけを学んだというのではなくて、『阿含経』とエピクテタスを踏まえて他力信心に帰したというのが、清沢先生の独自の表白です。それを受けて、曽我先生は九十歳の記念講演が大谷大学の講堂で催されたときに、「如来あっての信か、信あっての如来か」というテーマで話されました。九十歳の老学徒が疑問形で問題を出して講演することも非常に若々しいのですが、その内容は清沢先生からいただいた「如来と自己」というテーマで問題点をはっきり出して、自己においてて如来をいかにして信じるか（これは清沢先生の絶筆と言われる『我が信念』に表白された「我はかくの如く如来を信ず」）という信念の課題です。そして、それを答えとしてではなくて、一生の自分の教学課題として歩んできたことを改めて認識し直して、『我信ずるが故に、如来ましますなり』というテーマで、その講演の記録が出版された。その主体的傾向性の流れが、清沢先生、曽我先生と来ている。

安田先生はそれを受けて、信仰は自覚であるということを繰り返し繰り返し明らかにされた。自覚という言葉の意味についても、自分が自分を知っているという意味（Self-consciousness）ではない。仏教特有の一如、法性といわれる本来的在り方が、自己の本来性である。自分の本当の在り方を自己の根源であると言われますし、根源の自己であるとも言われます。現在の我々自身の在り方は、それを忘れて、それに反逆的に生きている。本来の自己に背く形で生きているのが今の自我である。それに対して、本来的自己を回復するということで、仏教の論理を自覚の論理として考え直し、明らかにし直す努力を続けられた。そういう点でも清沢先生、曽我先生、安田先生という流れは、脇本氏が近代とおさえられた課題を明らかにしようとして歩んだということが言えます。

非神話性

第三番目の非神話性という言葉自身は、プロテスタント神学のブルトマンに始まる神学上の論戦をくぐった大変大事なテーマです。神というものにおいて成り立っている神学にとって、神話的表現を廃して脱神話化することが一体どういう意味を持つかは、キリスト教の方では大問題でしょうが、その宗教的な意味を近代の一つの色合いとしておさえたのが脇本氏です。

安田先生が、曽我先生の「法蔵菩薩論」はいわば浄土教の非神話化だと言っておられます。自己の存在そのものと神話が直結する形で、神の領域と自己の領域が断絶していないような意識空間で、神話がそのまま信仰になっている時代に対して、近代は神話空間と人間が人間として生きている人間空間を分けてしまった。「それは神話だよ」という場合は、現実の生活とは別の、人間が作った虚構空間であって、現に生きている空間とは直結しないのが、近代・現代の神話に対する感覚だろうと思います。前近代までは、神話空間がそのまま信仰空間になり得た。たとえば法蔵菩薩がご苦労してくださるというと、ああ有り難いといって、法蔵菩薩が極めて身近に感じられ、そこに法蔵菩薩が本当に用いておられて、自分がそこに密接に関係していると感じられた。自分の人間領域に対して、神の世界とか神話の世界とかを抽象空間にしないような感覚が働いた。

そういう時代に対して、近代の科学文明が牛耳っている物質的空間は、人間にとって対象化された空間になってしまっているから、そういう時代を生きる人間にとって、本当に生き生きと感じられる信仰とは何かというときに、単なる神話概念を神話的に語ったのでは主体化できない。近代以降の時代の人間の感覚はそういうふうになっている。

そういう状況に生きて、しかも神話が語っている信仰概念を主体化した場合に表現し直す努力をすることが近代の教学者の特徴であると脇本氏は言っておられます。そういう点から言っても、曽我先生自身は非神話化という言葉は使われないし、そういう関心で考えたわけではないでしょうけれども、如来が本当に自分に信じられるとはどういうことかを親鸞聖人の思索に照らしながら、どこまでも考えていこうとされた。

その時に出された有名なテーマが、『如来表現の範疇としての三心観』という難しい書物です。本願の言葉である三心を如来表現の領域であるとおさえ直した。信仰は人間に起こるわけですが、私が本当に信じますということが成り立つのは、私の力や能力ではない。第十八願の本願成就であるということで、「信巻」で親鸞聖人が如来自身が衆生の上に表れたもうお心であるとして明らかにしようとした。その回向ということを曽我先生は表現という言葉でおさえ直された。親鸞聖人のいう回向は、現代の思想の言葉で言えば、表現であると言って、如来が衆生の上に自己を表現する形としての三心とは何かと。至心、信楽、欲生のそれぞれが、人間の上に如来が表れたもう一つの表れ方である。そのことを解明するためにつけられたテーマがこの表題です。これは実は、西本願寺の方が先生を呼んだ教学研究会で曽我先生が出したテーマです。先生は、東洋大学の先生をしていたのを、佐々木月樵先生に懇請されて大谷大学の教授になったのですが、一九二五（大正十四）年の終わりごろから京都に来て、一九二六（大正十五）年から大谷大学の講義を持った。その年に教学研究会に呼ばれて、そこで出されたのがこの講題です。

これが当時の東本願寺では異端視された。当時の保守派の教学者が集まって、異安心のレッテルを貼ろうとして検討したけれども決定できない。異安心であることを論究して、それを決める会議に呼び出して、曽我先生を屈服させる論理を構築することは、当時の保守派の教学者にはできなかったと聞いています。何回読んでも異安心臭いけれども、難しくて分からなかったということでしょう。

逆に我々が古い封建的な教学の本質をおさえようとするとなかなか難しい。例えば蓮如上人は封建教学かというとそうではない。蓮如上人が封建教学だというのは、決して蓮如上人は封建教学ではないとはっきり言っていました。蓮如上人が封建的だというのは、体を本当におさえていないのであって、どこが封建的かです。例えば宿善、無宿善という言葉をおさえて、差別意識があるといって議論しても簡単にできるものではない。蓮如上人が表現している意図と内容をおさえたら決してそうではない。どこが封建的かを決定するのは難しい。

また、近代とは何かとおさえ直すのも難しい。その点では脇本氏がおさえたような方法でおさえざるを得ないのですが、逆に言えば、そういう点がないことで封建教学の特徴があるといってもいいのかもしれません。

私の本の『近代親鸞教学論』（草光舎）では、まだ時期が早いと思って直接的には書かなかったのですが、実は本願寺体制の一番根源には、法主が善知識であるという規定があります（前宗憲にあって、現宗憲では改正されました）。法主一人が善知識であって、その善知識が教学権を握り、政治的経済的権力だけでなく宗教的権力（権威）を握った。その絶対的権威のもとに、真に信仰を主体的に求めることが圧殺された。信仰はもともと一人一人が真理と向き合うことで、政治的権力や弾圧があることは許されないというのが、親鸞聖人の姿勢です。完全なる自由を求めようとする人間の営みに対して、たとえ天皇であろうとも俗世間の権力（権威）をもって弾圧することは許されない。

江戸教学の場合には、無視することのできない「法主＝善知識」体制の下での本末関係ですから、言うならば法主が全部綱を握っていて他は皆飼われた犬みたいなもので、たとえ自分の信仰はこうだと思っていても、法主に楯突くことは許されない。もし敢えて主張すれば即座に異安心として僧籍を剝奪され、宗教行為は禁止される。蟄居とか還俗あるいは教団追放になって、汚名はもちろん生活権さえ奪われてしまう。

そういう時代の中では、教団の負った宿業に近いような法主権力の下での封建体制、本末関係、寺檀関係の中で営まれる教学活動が自由であるはずがないし、自由な批判などできない。曽我先生でも善知識様と言っていました。本当に善知識と思っておられるはずがないのですが、その場合の善知識には政治的な意味、宗門の頂点としての意味があっても、蓮如自身が表現しているような、仏法を自らも生き、人にも伝えて下さる善知識という意味ではない。直接的ではない間接的な組織としての恩義という形が生きていたのが封建制です。それに背くならば、異安心というレッテルを貼られて追放されるという時代の教学の営みが持っている窮屈さをどこでおさえるかというと、なかなかおさえにくい。尻尾がつかめない。

浄土の非神話化

そういう封建教学の伝統こそ、親鸞聖人の信念に背くものだと感じたのが、清沢先生であり曽我先生です。どこが異安心かをおさえようとすると、封建教学の側でもおさえにくかった。それがはっきりと表に出たのが金子大栄先生の浄土問題であり、西本願寺の野々村直太郎先生の浄土問題です。浄土とは何であるかという問題を真っ向から突っ込んだ。これはいうならば非神話化です。

十万億土を超えて浄土があり、死んだら行けるというのは神話的概念です。信仰にとって十万億土とは何であるかを問わずに、空間的な感覚で死んだら行けると感じているのは神話です。そういう神話概念のままに信じられた時代はいい。しかし親鸞聖人は浄土をそのように表現しているかというと、決してそうではない。真仏土・化身土を論じて、往生浄土ということを信仰内容として徹底的に解明している。曽我先生は単なる近代人としての意識ではなくて、改めて親鸞聖人の浄土とは何であるかということに向き合って思索していこうとされた。それは『浄土論』に帰ることです。『浄土論』を受けて、親鸞聖人は浄土を明らかにした。つまり、『無量寿経』の浄土を本願の浄土として表現した天親菩薩あるいは善導大師のいただき方を通して、親鸞聖人は浄土を明らかにした。

野々村先生は宗教学者として、親鸞聖人の浄土は一般の民衆に布教されている西本願寺の浄土ではないとはっきり勇気を持って言ったのです。即座に異安心とされて、僧籍を剝奪され、龍谷大学の教授職を奪われてしまった。それほどの権力が、異安心というレッテルを貼れる法主にはあったのです。それが東本願寺では、金子先生の異安心問題として出たのです。『浄土の観念』と『如来及び浄土の観念』という小さな本と、『浄土論』に照らして明らかにした『彼岸の世界』という『浄土論』の研究書が証拠物件として握られた。その内容を克明に論じて異安心というのではなくて、「浄土の観念」というテーマが間違っているということでやられたそうです。金子先生は降参しなかったそうですが、反省せよと言われて反省しませんと言っても許されない。僧籍を削除され、大谷大学を追放されたわけです。

浄土を非神話化するという関心があると異安心視される。法蔵菩薩が昔々作って十万億土の向こうにあるという空間的イメージでそのまま信じ、この世の中は辛いし面白くないし理想的でもないから、彼の土へ南無阿弥陀仏でもって行けると素朴に主体化できれば、信仰と言えるのかもしれません。しかし、少なくとも近代の人間として、十万億土の彼方にある浄土とは信仰主体にとって何であるかをはっきりしなければならない。死んだら行けるというような曖昧な概念は許されない。そこに切り込んだのが金子先生です。

曽我先生は、『浄土論』の願心荘厳と親鸞聖人が明らかにした真仏土・化身土の問題に照らして、欲生心という言葉でおさえた。浄土そのものを論じるのではなくて、如来が衆生に信心を呼びかけるについて、欲生我国と呼びかけている。親鸞聖人は欲生心を回向心と言っていますが、欲生心の内容(相分)が浄土である。欲生心を抜きにして、浄土そのものを論じても意味がない。欲生心とは何であるかを曽我先生は論じたのです。封建教学の学者は、曽我先生をおさえようとしてもおさえきれないで、異安心というレッテルを貼り損なったのです。このように非神話化という問題をおさえたということは近代教学の大きな意味です。

表現の新しさ

最後の第四点、表現の新しさという問題に関しては、清沢先生はできるだけ仏教の用語を使わないで、仏教の信念を表現しようとした。それが清沢先生の『我が信念』の最初の言葉です。『精神界』に載せた論文は、自分がいただいた信念をできるだけ時代の言葉で表現しようとした努力の跡だろうと思います。どうしても時代の言葉で表現しようとすると落ちるものがある。仏教が仏教用語を使って表現してきた大きな課題は、言葉を変えたらこぼれ落ちていくものがある。それをおそれずに現代に生きている言葉を使いながら、課題を明らかにしていこうとされた。

それに対して曽我先生の思索の言葉は、清沢先生の言葉も使いますが、基礎学問が唯識ですから、法相唯識の言葉、『大乗起信論』の言葉などを縦横に使いながら、近代人としての課題を解明するために、主体的に思想を練られた。しかし、その思想内容の表現は非常に分かりにくい。その分かりにくさが明治の時代人の思索の特徴かもしれません。

例えば、何故西田幾多郎の文章があれほど難解なのかについて、上田閑照氏が言ったことが非常に印象的です。西田幾多郎が思索を始めると、教壇の上をマントヒヒのように行ったり来たり歩きながら、思索のみが生きているという感じになる。ところが聞いている方は何を言っているかほとんど分からない。分からないけれども魅力がある。何かを探っていこうとする思索の方向性に対して魅かれるものがある。西田幾多郎の人格と思索的な力が、京大哲学の最盛期を生み出したのです。西田幾多郎の講義には、全く関係のない他の学部の学者達が聞きに来たと言われます。思索している問題が時代の課題の重さに響くものがある。

さらに西田幾多郎は主体的な求道者でしたから、一生坐禅を捨てなかった。そういう点では人間的な魅力もあり、思想の魅力もあった。しかし何故難しいかについて、上田氏は疑問を持った。西田幾多郎の書いたエッセイとか、感話では非常にいい話をする。本質を突いて、しかも誰にでも分かるようなやさしい話をする。ところが哲学となった途端に難解極まりない。自分自身が頭が変になると言いながら思索している。

何故そうなるのかというと、日本の近代がヨーロッパの思想に触れたときに、今までの日本語では持っていない概念や論理とぶつかる。しかも表現は日本語でしなければならないとなると、表現する言葉や論理がない。西田幾多郎は西田幾多郎の論理を作らざるを得なかった。だから読む側は西田幾多郎の論理に馴染んでいない頭で読もうとするからついていけない。そういうわけで難渋になったので、論理と言葉が日本語に定着してくれればそんなに難しいことを言っているわけではない。

例えば、ドイツ語の哲学書をドイツ人が読めば、少なくとも文字通りの言葉の意味は分かります。言葉自身が分からないということはない。例えば、範疇というのは翻訳語ですから、日常の言葉ではないので何を言っているのか分かりませんが、日常語としてのドイツ語のカテゴリー（Kategorie）だったら誰でも使うものですから、ヨーロッパの人は誰でも分かる。範疇とか概念などは、日本語ではない漢字で作り出した哲学用語ですから、非常に分かりにくい。そういう意味で、明治の人の思索は難しい。曽我先生も若い頃には、翻訳されたカントなどの哲学書を読んでいる。ヨーロッパの思想や哲学用語を翻訳用語として読んでいて、それを使うのでますます難解になる。仏教の思索自身が難解なのに加えて、ヨーロッパの新しい言葉（特に哲学用語）に馴染んでいないので、なお難しい。

また、曽我先生の基礎教養は古典としての中国語であり、中学時代に暗唱するほど読んだ『成唯識論』と『四書五経』の漢籍です。しかも近代人として仏教の思想を思索し表現するので、このあたりが曽我先生の難しさの一つの原因だろうと思います。その中で曽我先生自身が難渋している。ここで何が言いたくてこんなに難しい表現をしようとしたのかがよく分からない。だんだん表現している中に、曽我先生自身の中で言いたいことが分かってくるような論旨の展開です。

それに対して安田先生は、単に漢籍だけではなくて、子供の頃からキリスト教に触れ、菩提心の催しによって禅に触れ、真宗に来ています。若い頃は哲学書を原書で読んでいた。しかし語学はまったく独学で、横文字を辞書と首っ引きで我流で読んでいます。だから発音はでたらめです。ところが独特の直覚力でドイツ語でも斜め読みのようなスピードで読まれました。言葉の羅列の中から大事な言葉をパッと気付く。不思議な力です。思索が見出してくる独特の直覚力でしょう。哲学をやっている学者の方が、安田先生の概念のおさえ方は非常に正確だと言われます。ドイツ語の教養が豊かですので、ドイツ哲学、ドイツ神学を自分の思索の栄養として、主体的な信仰表現を模索された。

感の教学

曽我先生の「如来表現の範疇としての三心観」というテーマを、安田先生は一生大事な課題として考えていっています。晩年に三河で「信巻」の講義をなさいましたが、その中に三心の問題が、繰り返し繰り返し究明されている。『浄土論』と善導大師の三心釈を交互に照らしながら、「信巻」を徹底的に主体的に読んでいる。

曽我先生の七回忌の講演を安田先生がしたときのテーマが、「願心の表現的自覚としての信の確立」です。曽我先生では、まだ如来という概念と自己という概念があって、如来が我となって法蔵菩薩が誕生する、分かれながらも根源的に自己を翻して自己となろうとする主体である。安田先生はさらに如来の体を願心とした。如が衆生となろうとするときには、願になるしかない。本願となって立ち上がる。だから成就の文は願生彼国と言うのだ。願となって我々に呼びかけ、呼び覚ます。願心が自己を表してくるということが自覚だと。そういう「願心の表現的自覚としての信心」というテーマで講演をしました。曽我先生が亡くなった後、安田先生は曽我先生を憶念して、曽我先生とは何であるかを繰り返し書いていますが、それをまとめて話されたのが『感の教学』です（『安田理深選集』補巻に上記の二つの講演が入っている）。

私は、安田先生に曽我先生七回忌法要の講演をお願いしに行った役目で、何回もお訪ねしました。そのたびに先生は引き受けたとは言わずに、曽我先生についていろいろ話して下さる。その過程を聞いていたので、先生が出したテーマも講演内容も素直にいただけたのですが、他のほとんどの方は何を言っているのかさっぱり分からないという感想だったそうです。ところが、講義録が本になったらよく分かるのですが、一語一語が非常に重いのです。一語一語に先生の思索が煮詰められている。寝ても覚めても曽我量深とは何であるかを考えて、ノートや日記に書き、自分の思索を確認して、人ともそれを話すという過程をくぐって講演しましたから、裾野が切り離されて雲の上に出た岩峰（『歎異抄聴記』曽我量深著）だけが残ったという感じです。それぐらい硬質の思索でした。

安田先生が言っていますが、自分の思索は材料といい内容といい、ほとんど曽我先生からいただいたものである。曽我先生とは何であるかは、自分は言えない。曽我先生について考えれば、全部曽我先生からいただいた言葉であり、教えである。だから自分の思索を表現するしかないと言って、「願心の表現的自覚としての信の確立」という講演をしています。

このようにどこまでが曽我先生で、どこからが安田先生だと分けることは大変難しい。結局、思想はまったく新しいということはなく、古いものを表現するのだが、古いものを表現しながら新しいのだと安田先生は言っています。仏教用語は古いけれども、それを自分の思索をくぐって表現する。親鸞聖人の仏教用語は、すべて七祖と経典からいただいているわけです。七祖と経典の言葉を自分の思索として表現する材料にしているのです。そして自分だと言わずに七祖を見よと言っています。

今回のテーマを考えるのは、したがって大変難しい。試みにいくつかを言えば、曽我先生について、安田先生は「感の教学」とおっしゃった。感は直覚的な思索、曽我先生の独特の思索です。安田先生はその感を理性に対する感覚だと言っていました。曽我先生は非常に理性的な人、非常に思索能力のすぐれた人です。しかし、むしろその理性を敵とする。本当の宗教心は感覚だ、宿業本能だと言っています。宿業という仏教の言葉を本能と置き換えて、宿業本能と言われます。曽我先生は単に頭で考えたのではなくて、全身で感覚した。その感覚は宿業が感じるものだというのが安田先生の理解です。

宿業は理性で牛耳られるものではない。縛ることができないものを近代合理性は何とか押さえ込んでいる。それに対する抵抗である。曽我さんはむしろ野人として吼えたのである。現に生きて、切って捨てることのできない自己自身を抱えている。合理性で解釈している自己の底には摑みきれない自分がある。摑みきれない自分が立ち上がってくるような力が宗教的要求なのだ。理性でそれを解釈して、相対化、対象化している圧倒的な近代合理性に対して、そういう自分を本能だと言っています。近代合理性に抵抗するようなものが『感の教学』として出されました。人間を認めて人間らしくなろうというものは全部外道である。それに対して人間が迷っているのだから、その人間を破るのです。安田先生は、よくニーチェの「ツァラトゥストラ（Zarathustra）」として具体化された理想的人間である「超人」（Übermensch）は菩薩だと言っていました。人間を破るところに宗教の意味がある。これが安田先生による曽我教学の直覚的なおさえ方です。

法相教学を受けて、曽我先生も安田先生も非常に緻密ですが、曽我先生は緻密以上に直覚の太さが大きいのです。大問題を感覚して、それをずっと思索の土台として貫くのです。曽我先生は大工でいえば鉈で、金子先生は剃刀だと言っている人がいました。金子先生は繊細な仕事をするのに対して、曽我先生は荒削りである。また法相教学の緻密さに対して、金子先生の緻密さは華厳教学を受けた緻密さです。華厳教学の緻密さは、因分可説、果分不可説といって因分を説いていく分析方法です。

親鸞教学は従果向因です。安田先生の教学は、本願の信心に立って、法相教学の緻密な人間の精神分析を忘れない。教学用語を単なる観念の言葉として使わずに必ず主体化する。例えば自己の根源、根源的自己という言葉を使っても、法性とか一如という仏教の用語を憶念している。仏教の思索を哲学用語で思索するという訓練をした。だから、安田先生は晩年まで本に対する興味を失わなかった。曽我先生は五十歳を過ぎてからは、聖典と新聞だったそうです。聖典を隅から隅まで暗唱するほどに読み込んでいて、聖典一つを持って講演に歩いていた。また新聞を隅々まで読まれた。新聞の中から大事な思想の材料を取り出してきて表現していた。自然法爾に時代の思想状況に、信仰をもって打って出ようとする曽我先生の営みだったのだろうと思います。

それに対して安田先生は新しい哲学の表現を貪るように追っかけていました。それは興味があるが辛い。「安田君、あんたもそろそろ哲学を卒業したらどうや」と曽我先生に何回も言われたそうです。

そう言われながらも時間があれば本屋回りです。晩年に至るまで本を集めたのですが、一九七三年に家が焼けて、本が丸焼けになってしまった。私たちには少しも表さなかったのですが、どれだけ辛かったかは後で講義に出てきていました。無理して一代をかけて買ってきた本が水浸しになってしまった。それについて安田先生は、誰が焼いたのでもない、焼けたのだ。焼けたということは自分の宿業だ。自分に責任がある。そういうふうにうなずかれた。泣き言は心の内に起こったに相違ないのですが、それを乗り越えるのが南無阿弥陀仏だ。南無阿弥陀仏で乗り越えるというのは、思想的にどういう意味かを安田先生は思想家として突き詰めたのです。それが実存的責任ということで、思想を通して克服したのです。

曽我先生が、宿業本能、回向表現、権利功徳、荘厳象徴というように、大事な教学用語を現代用語で表現し直して、それを徹底的に使っていった。回向表現などはもう通用するようになりました。

安田先生の本の読み方は、本に何が書いてあるかよりも、課題をもらえばいい、解釈はいらない。こういうテーマが現代の思想状況の中で大事な問題だということをもらうだけで、自分は思索できるという姿勢です。西田幾多郎の本の読み方と同じです。自分が南無阿弥陀仏一ついただけば、それでいいということでは済まされない。時代の課題、人類の課題、思想の課題を通して、自分の信仰を常に洗っていくことが聞法の大切な課題だということを教えられました。

増補
唯識思想と浄土真宗

一　唯識と浄土真宗の思想的関わり

唯識と浄土真宗の思想とはどういう関わりか

唯識と浄土真宗の思想的関わりという問題は、安田理深先生の私塾「相応学舎」の名前にも関わるのですが、安田先生が生涯を貫いて格闘された問題がここに集約されていると思うのです。安田理深先生のお話しを聞き抜かれた仲野良俊《なかのりょうしゅん》さんは、その講義を筆録してそれを自分の講話の内容にしていかれた方でした。その仲野良俊さんは、「安田先生の信念は唯識にある」といわれ、「相応学舎の相応はヨーガ、瑜伽だ」ともいわれていました。

安田理深先生についてしっかり聴聞した仲野さんですらそう考えるのですから、安田先生に対して、「安田さんは、曽我さんに付いているけれども、唯識法相の悟りをもって任じている人ではないか」と非難する人があってもしかたありません。つまり、「本当のところは、自力であって、他力ではないのではないか」という疑難を持つ人がいたということです。もちろん真相を見抜いていない非難であり、まったく本質をついていないことは明らかです。

安田先生は、たんに唯識の悟りを求めて、その悟りに座った方ではない。しかしそれなら、唯識と真宗とは、安田先生においてどういう関わりをもっていたのか、これが一つの謎でした。安田先生は、最晩年に至るまで、唯識論の講義をたいへん緻密に情熱をもって続けられて、途中で止めるとか、他力の信心だからもう自力の唯識はいらないとか、そういうことは一言もいわれませんでした。しかも、安田先生自身のお話の中では、唯識と真宗の話はまったく融通無碍で、ここからが唯識で、ここからが浄土真宗ということもありませんでした。ですから、唯識と真宗がどういう関係になるのかということがよく分からない。そういうことから、他力の信と唯識とがどういう関係になっているのかという疑問が残っていました。私にとっては、その問題がどうもよく分からなかったわけです。

それで今回は、唯識と浄土真宗の思想とはどういう関わりになるのかということをテーマにしました。テーマを出してから気になったのは、唯識といっても、『摂大乗論』の中で、世親菩薩の兄である無着は、念仏に対する非難を出しています。また摂論家といわれる『摂大乗論』を依り処とする学派は、念仏は「願のみあって行はない（唯願無行）」と徹底的に非難しています。そのような摂論家からの非難を逆縁として、道綽禅師や善導大師は、「そんなことはない。念仏は唯願無行どころではなく、願行具足の本当の行なのだ」ということをいおうとされたのです。念仏は願も行も具足している、「願行具足の行」だという言葉が出てくるのは、摂論家からの非難があったからです。唯願無行の非難を逆縁として、あの言葉が出てきている。そうすると、唯識の思想と本願の思想とは、敵対関係かもしれないという一面が感じられます。

また、承元の法難に関係した解脱房貞慶《げだつぼうじょうけい》は、法相宗の学者でした。そういう人が、法然上人の教団を弾圧する筆頭に立ったわけですから、思想的に論敵関係だったのではないかとも思われます。そういうことですから、曽我先生や安田先生は、どうして唯識教学にあれほど親しくされたのだろうという疑問が残るのです。

それは『浄土論』をどう読むのかということとも関わります。『浄土論』を菩提流支三蔵《ぼだいるしさんぞう》が訳されたときには、著者の「婆藪槃頭《ばそばんず》」の名前を「天親」と訳されています。曇鸞大師の『浄土論註』では、

無量寿経優婆提舎願生偈註　巻上　婆藪槃頭菩薩造　曇鸞法師註解　（聖教全書一・二七九頁）

と、『浄土論』の作者は「婆藪槃頭菩薩」であるとされています。その「婆藪槃頭（バスバンドゥ）」という名前を、菩提流支は「天親」と訳された。そして後に唐の玄奘《げんじょう》は、「婆藪槃頭」を「世親」と訳します。ですから婆藪槃頭という人は、中国で翻訳された名前は「天親」と「世親」と違ってはいるけれども、もともとは一人なのです。

その天親菩薩の『浄土論』を、曇鸞大師が菩提流支三蔵から受け取られたと私は思います。曇鸞大師は、菩提流支三蔵に叱られた後、浄土教に帰された。「正信偈」では、

三蔵流支、浄教を授けしかば、仙経を焚焼して楽邦に帰したまいき。

（三蔵流支授浄教　焚焼仙経帰楽邦）（聖典二〇六頁）

とありますから、浄土教の経典なり論をもらってそれに帰したということです。

曇鸞大師が書かれた『浄土論註』の解釈は、明らかに浄土三部経を背景にしていますから、『観無

量寿経』をもらったというよりは、浄土三部経を背景にして『浄土論』とそれを読む看経《かんきん》の眼を教わったのではないかと私は思うのです。親鸞聖人も「焚焼仙経帰楽邦」と「正信偈」でいわれていますから、「仙経」から「楽邦」へはたしかですね。そういう曇鸞大師のお仕事を通して、特に天親菩薩が、『無量寿経優婆提舎願生偈』を作られたということのもつ仏道における意味について、親鸞聖人は『浄土論』を徹底して読まれた。そして、『浄土論』を読むには、『浄土論註』を読まずしては読めないとまでいわれているのです。『高僧和讃』には、

天親菩薩のみことをも　鸞師ときのべたまわずは
他力広大威徳の　心行いかでかさとらまし（聖典四九二頁）

と和讃されています。

曇鸞大師が、『浄土論』の内容は本願の書だとみられた。本願の書とみる読み方は、『浄土論』を表層的に読んだのでは分からない。『浄土論』に四十八願が説いてあるなどとは、とても読めない。曇鸞大師は、『浄土論註』で「願心荘厳」という言葉の願心というのは、四十八願であると註釈されているのです。

「三種の成就は、願心の荘厳したまえるなりと、知る応し」といえりと。「応知」とは、この三種の荘厳成就は、本四十八願等の清浄の願心の荘厳したまうところなるに由って、（「信巻」聖典二三三～二三四頁）

といわれていることからも分かるように、曇鸞大師は、『浄土論』の内容は本願の書だと読まれたわ

けです。そういう読み方に出遇って、親鸞聖人は曇鸞大師の解釈を通さなければ『浄土論』は読めないといただかれた。そこには、唯識の論師が『無量寿経』の論を書いているという、大きな問題があるわけです。

浄土教というのは、長い間仏道の裏街道というか、仏道の中の寓宗という扱いをされてきました。ところが、親鸞聖人は『教行信証』の「行巻」で、

法相《ほっそう》の祖師《そし》、法位の云《い》わく、（聖典一八八頁）

と、法相の祖師が念仏をほめている文章を引用しておられるのです。ですから、唯識の人がすべて念仏を非難しているわけではないのです。ですから、本当に仏道を求めるもの、龍樹菩薩の『十住毘婆沙論』でいうなら、

もし菩薩この身において阿惟越致地に至ることを得、阿耨多羅三藐三菩提を成らんと欲わば、当にこの十方諸仏を念ずべし。（「行巻」聖典一六五頁）

とあるように、「この身において」無上菩提に触れたいという意欲に関わるものです。

あるいは、親鸞聖人の言葉でいうなら、「凡愚」として、あるいは、不浄造悪の身において、有限の身を生きているものが、悟りを得ようと求めるということです。そのような不浄造悪の身において、清浄なる、あるいは無碍なる、あるいは無限なる利益を求めるというのは、絶対矛盾でしかないのです。しかし、その矛盾を超えて仏道が本当に成り立つことを求めたときに、天親菩薩は『無量寿経』の教えによれば、仏陀の教えの真意に相応できるのだといわれたのです。そういう、仏陀の教えの真

意に相応する道を明らかにするために、天親菩薩は『浄土論』をお書きになったに相違ないと思うのです。

親鸞聖人が、天親菩薩を取り上げ、そして『浄土論』を解釈する根拠として曇鸞大師の見方を学ぶ。このことに、いつごろ気がつかれたのかということは分かりません。けれど、ともかく、唯識法相という宗義というか学問の立場というか、そういうことを求められたのではないと思います。安田先生の言葉でいうなら、自己が自己になるということ、自己の本来性を自己に回復するということです。そういう実存的要求、真の菩提心の要求によって、天親菩薩は『無量寿経』の論である『無量寿経優婆提舎願生偈』を作られたのだと考えるべきでしょう。そして同時に、自分が自分に背いて生きているけれど、自分が本当の自分になりたいのだという深い菩提心の要求が、『浄土論』の内容は本願の書だという曇鸞大師の解釈となったのでしょう。

安田先生が唯識に深く突っ込んでいかれて、けっしてそこから離れようとされなかったことの一つの証拠は、二〇一二年に春秋社から出版された『唯識論講義』です。『唯識論講義』は、結核療養から立ち直られてから、三河で開催された毎夏の一泊研修で六年間お話しになった講義録ですから、最晩年の講義です。最晩年の講義で、毎年、唯識思想をあれだけ情熱を掛けて説き続けられた。結核が治ってからの安田先生は、片一方の肺はボロボロになっていて、空気を体内に取り入れる力がなくなって片肺で生きておられた。ですからご自分のことを「片肺老衰」だといわれていました。そういう状態で、先生はああいう難しいお話をなさいました。晩年には、先生に縁のあった方々が地方に散って、それぞれの場で先生をお呼びしたいと念じた。それに応えて、安田先生はどれほど遠い場所であっても出かけられた。

結核が治られてからの、七十歳以降の先生はそういう状態でしたから、あまりにも疲れておられて、帰ってこられると本当に疲れておられるのが見えました。「先生、もう地方に行くのは止めてくださ い」と、私は頼んだことがあります。奥様も心配しておられました。京都にいても、だいたい、お宅から五十メートルほどしかない本屋さんの至成堂に出掛けていくのにも、杖をついて、ハアハアいって一息では行けないような状態でした。傍から見ていて、本当に歳をとられてエネルギーがなくなって、疲れておられるのが見えているのに、長崎で呼ばれたから行くとか、今度は富山に呼ばれたから行くといわれる。傍から見ていて、「とてもそれでは先生、いのちを縮めるようなものだから、京都で説法してください」とお願いしたことがあるのです。けれど、「いや、わしはいのちが短いことを感じておる。しかし、来てほしいということがあるなら、もうそこで仏法を語らずしては、わしのいのちの意味がないと感ずるのだ」と静かにいわれた。私ごときが、「先生、京都にいてください」などといっても、そんなことでいうことを聞くような方ではありません。呼ばれたところには出て行かれました。

毎年三河に行くにも、お一人では行けないので、奥様が付いていかれた。奥様と一緒に一泊二日の夏の研修会にも、そして毎月一度の三河の「信巻」講義にも出て行かれました。毎年、たぶんこれが最後かもしれないという思いをもちながら、先生は講義をなさっていたのではないかと思います。一回一回がこれで終わってもいいという講義内容で、唯識の思想をまとめておられる。それが、六回重なって、それで終わっているわけではない。ですから、もし次の年に行けるなら、また何か加えるべき課題を先生はおそらくもっておられたのでしょう。けれども、あそこで終わっているわけです。

そういう安田先生の唯識論への傾斜は、曽我先生の影響も濃いと思います。けれども、私には、唯識論と親鸞教学とはどういう関係なのだろうという疑問がずっとありました。曽我先生に出遇われて、念仏の信念に生きるということと、唯識論を通して自己の意識を徹底して見ていくという学びとが、安田先生の中でどういう関係になっているのだろうという疑問が、ずっと消えずに続いていたのです。

安田先生は、お話の中でしばしば、自己自身を回復するとか、自己とはなんであるかというときに、自己とは意識する自己、デカルト的自覚であるといわれていました。デカルトが「コギト・エルゴ・スム（cogito ergo sum）」「われ思う、ゆえにわれあり」といいました。自分があるということは、自分が考えてあるということ、自分が自分をここで考えている自己だということだけは疑えない。こういう自己に立って、これだけは疑えないという事実を確信して、そこから哲学を再構築する。こういうことについて、安田先生は、繰り返し講義の中でそのことの大切さを論じておられました。

私は、学生時代にそういうことを聞いていたのですが、「なんでそれがそんなに大切なのだろう」というくらいの関心でしか聞けませんでした。そのような思いが、結局、浄土真宗の教義、いわゆる教相といいますか、教義の言葉、言葉の論理で人を説得するということに熱心だということに繋がっていたのです。

問題なのは、それがいったい自分自身にとってどういう関係があるのかということなのです。安田先生の言葉でいえば、教相の要求とは「救済の要求」です。つまり人間が救われたいと思っているから、その救われる論理を語りかける。それでありがたいといえば、それで終わりという傾向が、救済教といわれるところにはある。けれども、安田先生の場合は、自覚教といいますか、自分が自分であることを取り戻す、そういう言葉で表現し、さらには、法然上人が否定された、菩提心に立つということをいわれた。菩提心こそが、我われのいのちの一番大事な根元であるといわれた。菩提心に立つということなくして、人間として生まれた甲斐はないと。そういう言葉で、菩提心の否定どころか、菩提心に立たなければ、いのちの意味がないとまでいわれて、菩提心を大切にされた。ですから、それを自力の菩提心だというように理解する人からすれば、「あいつは自力だ」という非難になるわけです。

浄土真宗がもし教義学だけだったら、それは生きた人間の本当の自己を取り戻すような力をもち得ないのです。やはり、自覚ということが大切なのです。曽我先生は、「伝承と己証」とか「救済と自証」というように、「証《しょう》」という字を使われます。これは、自分に仏法を「証《あかし》」するという、自分自身に仏法を納得するという問題です。そこに大事な契機として、自覚ということがあるわけです。自分自身は、どういう成り立ちの存在なのかということをよく知る。そのことを離れて、何か外の構造や論理によってたすかるということは、結局人間の安易な自己肯定の要求に過ぎないのです。そういう課題をもって、安田先生は唯識論を学ばれたのです。ですから、浄土真宗の教えを学ぶときに、必須のものとして、学ばざるを得ないものとして唯識があるというのが、安田理深先生の視点だったのです。

唯識は意識の事実を見て実体化の間違いを批判する

あるとき、私のところに西本願寺の開教師の方が来られました。アメリカで日系の二世三世が、もう四世すらいるのでしょうけれど、教えを聞く会座でずっとお話をされてきた方です。その方が私の本を読んでくださって、どうしても私に会いたいといわれて、私のところに来てくださったことがあります。その方が、唯識という教学が入っていることによって、何か大切な説得性があるといわれました。教義学だけでは、もうアメリカ人を説得できない。本願があるから、浄土があるから、念仏していたらたすかるのだという、そういう教義で、自分が本当に、自分自身が自分を取り戻すという、そういう要求に応えられるかというと、もう応えられないように思う。そのときに、私の言葉や、私の語った言葉はほとんど安田先生の考えですから、安田先生の考え方というものに唯識が入っているということが、何かこれからの仏法、これからの開教にはぜひとも必要になるのではないかと思うという感想を述べてくださいました。

私は、それがどういう意味なのかということについて、唯識の考え方は、意識の事実を見ていくということですから、意識の事実を言葉にするけれど、言葉は固定概念ではなく、意識の事実をつかまえている言葉ですから、自己自身の意識の事実、それがどれだけ深い迷いかとか、どれだけ暗い心かとか、そういうことが常に言葉となって自己を照らしてくる。意識という言葉も、意識というものがあるわけではなくて、意識しているという事実があるということなのです。

安田先生は、八識体別(1)の護法菩薩の思想をお話しになるときに、護法の考え方は実体的だという批判が現代の仏教学者からはあるけれども、そうではないのだといわれました。そうではなくて、事実は作用が実在だと。だから八識というものがあるのではなくて、意識が八つの形で現象している。現象している作用を言葉であらわして、その言葉のあらわしているものは実在だということです。実在というのは実体ではなくて、動きゆくはたらきそのものなのです。はたらきそのものを、八識体別ということでいうのです。体が八つあるからといって、実体的な体が八つあるということをいっているわけではない。怪物に八つの頭があるように、意識が八つあるということをいっているわけではないのです。

こういうふうに、安田先生が護法の思索を教えてくださった。体とは、生きた事実を言い当てようとする言葉なのです。こう説明してくださっていて、これも初めは何をいわれているのか分からなかったのですが、何回もお聞きするうちに、結局実体があると考えるのは我《が》の思想ですから、無我の仏法は、移りゆく作用そのものに立つということだと分かりました。その移りゆく作用に立つということは、人間は分別の動物であり、言葉の動物ですから、言葉でつかまえようとする。言葉でつかまえると、もうそれは、実体のような作用になる。それをどこまでも生きた事実として見直していくような眼《まなこ》、そこに内観がある。奢摩他《しゃまた》、毘婆舎那《びばしゃな》ということがもつ、実践的な意味もそこにあろうかと思います。固定した概念を実体として見るのではなくて、生きている事実そのものを言葉にして、その言葉で自己を見ていくのです。

こういう学び、これが仏道そのものなのです。浄土真宗はともすれば、浄土という実体的場所があるとか、本願という個体のような何かがあると考えがちですけれど、実体的なものがあるのではない。あるのは我われを照らそうとする教えの大悲の言葉、大悲が言葉となって我われに用きかけようとしているのであって、実体があることを語ろうとする言葉ではないのです。

いわゆる科学的なものとか、対象的なものを言葉にしているのではなくて、生きている人間を解放すべく、大悲が言葉になっている。大悲が言葉になっても、言葉は実体ではなくて、意識転換へのはたらきかけです。意識にはたらいてくるように言葉にしている。第十八願があるとか、何とかがあるとか、そんなものがどこかにあるわけではない。教えの言葉で人間が照らし出されて、自分が見えてくる。それによって、自己自身が自己を取り戻せる。どれだけ愚かであろうと、どれだけ罪が深かろうと、それが生きている事実なのだということを深く知らされると、そこに立ち上がる力も与えられてくる。そういう、生きた人間を取り戻すための思想として、唯識が大事な学びとなるのです。

唯識と真宗の思想は、人間の課題として一つである

自覚の仏教というのは、自分自身が自分を覚《かく》するのです。この自覚という言葉も、私はよく分かりませんでした。デカルトのコギト・エルゴ・スムも分かりませんでしたけれど、自覚というと、自分が自分を自分で知るという、そういう言葉ですから、自覚という言葉自身が何だかよく分からない。反省して気づくような自覚ぐらいまでしか分からない。そういう自覚ではない、いわゆるセルフコンシャスネス（self-consciousness）ではないのだといわれる。普通にいう自覚というのは、迷っている意識で迷っている自己を見ているような意識です。そのようなものは、仏教の本質ではありません。その迷いをも照らし出すような智慧によって、自己を知るということが自覚です。自分自身を本当に知るという作用を自覚という言葉でいわれるのです。自覚という言葉自身が固い言葉ですし、どうしても、何か自我意識のような意味を感じる。自覚ということが、自分自身で自分を反省するような意味でしか考えられないから、これがまた間違いの元になるのです。しかし、仏教でいう自覚というのは、そういうものではないのです。

清沢満之先生は、『臘扇記』で、

自己とは何ぞや。これ人生の根本的問題なり。

自己とは他なし。絶対無限の妙用に乗託して、任運に法爾にこの境遇に落在せるもの、すなわち

これなり。（『清沢満之全集』第八巻三六三頁、岩波書店版、原文片仮名）

といわれています。「自己とは何ぞや。これ人生の根本的問題なり」といわれた、この根本的問題ということは、それが仏法に出遇う一番中心の問題であるということです。けれども、その自己は、たんなる自己反省の自己とか、自己防衛の自己ではない。生きているという事実がここにある。その事実は、歴史を受け、社会の中にある。いろいろな関係の中にあるいのちとして生きている。生きているということを知っているということだけが、一番確実な拠点ですから、そのことをどこまで深く本当に知るかということ。迷いの意識からは、たんに自分の範囲内で、閉じた自分で、その閉じた自分の中を自己だと思っている。そういう自己を知ることではけっしてない。やはり、絶対無限の妙用の中にどーんと落ちているような自己、そういうことで自己を表現する。

それは、清沢先生が、近代において、親鸞聖人の教えを自分に実験的に体験して、そして、

若し世に他力救済の教なかりせば、我は終に迷乱と悶絶とを免れざりしならむ。（『清沢満之全集』第六巻一五九頁）

と、他力救済の教えがなかったならば、自分はつとに自殺していたかも知れないということまでいわれているのです。この清沢先生の言葉というのは、親鸞聖人が求めて出遇っていかれた人間実存の真実性というものが、時代を超えて現代の我われでもこれに出遇うことで、本当に自己を取り戻せるのだということを表明してくださったものです。

これを承けて、曽我先生が、教学の言葉で自己確認をしてくださった。清沢先生は、これが清沢先

生の天才的なところですけれども、仏法の真理を明治の時代の思想状況の中で、明治時代に使われている言葉で表現し直そうという努力をなさった。これが宗門の人間にはまったく理解されなかった。言葉が違えば、もう「あれは哲学宗だ」とか、「あれは自力宗だ」とかいって、教義学の言葉のみが真実だという発想しかできない方が多かった。ですから、清沢先生は疎外され、排除された。

曽我先生は、清沢先生の真理に触れて、安田先生の表現をとれば、

「二十代の曽我さんというのは、多分ものすごい生命力もあったけれども、ものすごい野心家だったのではないか。その野心家が、清沢さんにぶつかって、鋼《はがね》のような菩提心に跳ね飛ばされたのだと思う」

と、そういう表現で、安田先生はいわれていました。鋼のような菩提心、それに体当たりでぶつかっていって跳ね飛ばされたのだと。「そういう体験があって、曽我さんは仏者として生き抜くという情熱と、息の長い菩提心をもらったのだ」といわれました。

安田先生が、そういう言葉で曽我先生のことを語られるということは、安田先生自身も、同じようなことを自分のこととして感じておられたのです。安田先生自身は、十代の後半に鳥取の大きな禅寺に入門して受戒しておられます。戒名までもらって、道元のものを徹底して学んで、自分としてはもう道元のいうことをほとんど理解したと思われた。悟りの本質を直覚されたということです。十代ですから、「自分は宗教的に早熟だったのだと思う」といっておられました。

ご家庭の不幸と、安田先生自身の素質とが縁となって、禅の和尚、日置黙仙《ひおきもくせん》という大変有能な、後

に福井の永平寺の管長にまでなられた方に、若くして入門されています。おそらく、だいぶ厳しく教えられたのでしょうけれど、それで「道元のいうことは分かった」というところまで、十代でいかれたということです。けれども、何か物足りなかったと。それで、たまたま岩波書店から出た金子大榮先生の『仏教概論』(一九一八年刊)を読んで、自分の物足りなかった問題はここにあるとみられた。これは雑誌『興法』に書かれた「世間解《せけんげ》の宗教」という論文でおさえられた課題でしょう。世間解というのは、仏の十号の一つです。『無量寿経』に、

如来《にょらい》・応供《おうぐ》・等正覚《とうしょうがく》・明行足《みょうぎょうそく》・善逝《ぜんぜい》・世間解《せけんげ》・無上士・調御丈夫《じょうごじょうぶ》・天人師・仏・世尊(聖典一〇頁)

とあります。世間解は、世間を理解する。これを「世間解の宗教」というテーマで考察されているのです。

禅の悟りは、たしかに悟りかもしれないけれども、人間を超えてしまう。そうすると、時代も超え、社会も超え、時代が変わろうと社会が変わろうと、それに対する関心すらもち得ない境地にいってしまう。自分は、どうもそれが物足りないと思っていたといわれます。金子先生の『仏教概論』のどこかに、何か歴史的というか、思想史のようなものを感じて、これがやりたいと思って金子先生に手紙を書かれたら、金子先生から返信があって、京都に出てくるようにということで会われたわけです。それが縁で大谷大学に入ることになり、二十歳のころに京都に出て来られたそうです。

しかし、とにかく貧困の中で学費がないのです。ですから、大谷大学に籍があったのかなかったの

か分からないのです。じつは、『安田理深選集』を出版したときに、安田先生の学籍が大谷大学に残っているかどうか調べてもらったのです。ところが、痕跡がなかったのです。専科というのがあったらしいのですが、とにかく記録が残されていない。ところが、ずっと金子先生と曽我先生の会座には出ておられた。曽我先生は、大正十五（一九二六）年に、東京の東洋大学の仏教学の教授から大谷大学に移られたのです。佐々木月樵《ささきげっしょう》さんが強く引かれたのです。当時、曽我先生は五十歳を超えたばかりで、宗門にご奉公できるということで、喜び勇んで京都の大谷大学に来られたそうです。そのときには、すごい情熱で、「了別と自証」という題で一年間、大谷大学仏教学の講義をされた。了別というのは、第六識の「何かを何かとして見ていく」という作用をいう。それに対して、自証作用。自証作用というのは、自分自身が自分自身としてあるということを知るという作用です。自証分・証自証分ということがありますが、意識は意識していることを知っているという、そういう自証作用。この「了別と自証」という題で、一年間講義をされた。その曽我先生の講義を聞かれて、安田先生は唯識をやろうと思われたらしいのです。唯識をやろうと思われたときに、『摂大乗論』の世親釈論、さらには無性釈論というのが翻訳されている。そういうものを安田先生は読まれて、唯識そのものの解釈が『三十頌唯識論』だけではなくて、『摂大乗論』の釈論も通して、唯識思想の展開として『三十頌唯識』の本質をつかむことができるのではないかと考えて、曽我先生のところへ行って、喜び勇んで自分はこういう学問をやってみたいということをいわれた。そうしたら、曽我先生から、「それは佐々木君（月樵先生）の方法です、私は『大無量寿経』を以て世親の『三十頌唯識』をみる」

と、こういうふうにいわれたというのです。安田先生としては、何かちょっと物足りないと思われたのです。それでは学問にならないのではないかと思われた。初めはちょっと物足りなかったけれども、後で気がつかれた。結局、曽我先生は、学派がどうだとか、教義学がどうだとかいうのではない。人間の菩提心が要求する思想、実存が要求する思索、人間の真実を明らかにする仏教の課題として、唯識の思想と浄土真宗の思想とは、どちらも人間を人間として本当に解放するような課題において一如であるといわれたのです。唯識と真宗は、違う学派だし違う伝承で、課題はまったく別々でありながら、どこかで二にして一である。一にして二である。そういう課題がある。根本課題は、自己自身である。自己自身の課題を、いろいろな教えを縁として明らかにするということなのです。

安田先生の思想戦

安田先生は頑固でした。あるとき、曽我先生のところに行かれたら、

「安田くん、君、そろそろ聖典一つにしなさい。あんたは、まだ哲学をやっているだろう。哲学の言葉が入っていて、話が分かりにくい。聖典一つにしなさい」

といわれたそうです。我われからすれば、曽我先生の話だって分かりにくいですね。ですから、同じようなものだとも思いますが、安田先生は曽我先生にそういわれたのです。ところが、安田先生は、

「曽我さんは、たしかに聖典一つになった。『赤表紙と新聞』(2)で、新聞をよく読むことと、聖典を肌身離さず読んでおられることと、この両方で中間のさまざまな諸思想は卒業したと、曽我さんはそういわれる。でもわしは、そうはいかん」

とこういわれたのです。そして、何といわれようと、自分は世界の思想とぶつかって思想戦をするのだと、こういわれたのです。本当に安田先生は頑固でした。

その頑固な、自力の骨頂のような方が、親鸞、親鸞といわれるのです。親鸞聖人も、おそらくすごく頑固な方だったと思うのです。体力もさることながら、あの「熊皮の御影」などのお顔を見ただけでも、あるいは『教行信証』の文字を見ただけでも、なまじのものではない。その頑固な人が、なぜ本願の教えに帰されたのかといえば、それによって本当に自分が解きほぐされて解放されるからでしょう。外から来るものに、「うん」といって付いていくような素質ではないと思うのです。外から来たのではない、それは自己の本源から、自己自身を解きほぐすことを語っている言葉なのだと。そのように、外の課題ではなくて自己自身の課題だとうなずくことにおいて、仏教の教えが、本当にかたじけないものに出遇ったということになるのではないかと思うのです。

それで、その曽我先生の姿勢に、安田先生は教えられて深く学ばれた。ですから、安田先生のあの難しい講義の背景には、常に曽我先生への帰依と学びがあるわけです。安田先生は、「選集される諸篇のいくつかを読みかえしてみて、まだ読んでいなかったのではないかと疑わしめられることが多い。長い時間指導をたまわって来たものとして、甚だ奇怪なことではあるが、まだ私は全然之を理解していなかったのではないかという疑惑につきまとわれることが多いのである」と、曽我先生のものを読み返すと、読んでいなかったのではないかと思うほどに、新しい新鮮な感動を与えられるといわれています。教えのことを忘れると、自分としてはちょっと増上慢というか、ちょっとはましなものになったような気がしているけれども、曽我先生の教えの前にクシャーンとやられる、そういうふうにいわれています。まさに、師をもつということはこういうことなのだということを教えられます。人間は、放っておくとすぐに増上慢になる、自分はまあちょっとはましなものだと思いたい。けれども、師の言葉に出遇うと、まったくもう本当に申し訳ないというしかない、そういう自分が教えられるのです。

安田先生は、正直にそのことをいっておられます。曽我先生に出遇ったということは、本当によき師に出遇ったということですね。安田理深先生の蔵書を見ますと、曽我量深先生のものを何回も読んでおられるということが、良く分かります。青い鉛筆で線を引いた後、赤い鉛筆で線を引いて、また違う色の鉛筆で線を引いたりして、何回も読んでおられる。あの情熱というか、常に新しく思想の課題を追求された安田理深先生が、曽我量深先生を心から仰いでおられたということです。

外国の、特にドイツ哲学に対する興味が強かった。ドイツ哲学のものが出版されると、それをどこで情報を仕入れられるのか、至成堂に注文される。至成堂のご主人は、初めはどこの誰か分からない人が注文してくると疑いながらも取り寄せる。初めは先生が注文した一冊だけを取り寄せていたのを、二冊取り寄せてみたら、置いてある本を京都大学の先生が買っていく。これは売れるのだというわけで、安田先生が注文されると、何冊か買って置いておくと、たちまち売れる。至成堂のご主人は、安田理深先生が亡くなった後のお話の席で、「安田先生には、ずいぶん儲けさせてもらった」と、そういう話をされていました。

それぐらい先生は、ヨーロッパで伝承されている神学や哲学の歴史やその解釈の書籍を、飽くことなく求められた。それは、とてもこの世では読み切れないほどの量があるわけです。でも先生は、読める、読めないではないのです。安田先生がお亡くなりになって、蔵書を大谷大学に寄贈するといったら、大谷大学がもう書庫に入らないからいらないといってきました。それは日本の書籍だけだと思ったのですね。「洋書もあります」といったら、「洋書だけもらいます」ということになり、洋書だけ三〇〇〇冊、大谷大学の図書館に安田文庫として入っています。その分量を見て、当時の訓覇曄雄《くるべてるお》学長が、「こんなに本を買ってどうしようというのだろう」といってつぶやいておられたのが、私の印象に残っています。先生は、読めるから買われたのではない、読みたいから買われたのです。

安田先生には、思想に対する飽くなき興味と、どうしてもそれを取り入れて、自分でそれと格闘したいという情熱がありました。先生自身は晩年に、

「自分はその思想戦に疲れ果てた。教学を担うということが、自分をこれだけ疲れさせたのかも知れない」

と、こんなふうにつぶやいておられました。本当に、刀折れ矢尽きてくたびれたという、そういう感じでした。しかし、先生は、それでけっして諦められたのではないのでしょう。やむをえず倒れて死

んでいくけれど、今度生まれ直したらやってやるぞというような情熱が、どこかにおありだったのではないかと思うのです。

そのぐらいの情熱で、安田先生は生きてくださった。不思議な方だったのです。ああいう方は何百年に一人という方だろうと思います。そういう方に私は、たまたまもったいなくも出遇うことができたのだと思います。そして、こうして育てていただいたということを、かたじけなく思っていることでございます。

人間の本来性を回復する場所を願生する

私は、唯識思想と浄土真宗が、どこかで同じだということをいうために、「唯識思想と浄土真宗」というテーマを出したのではないのです。安田先生自身もいっておられますが、この二つは違う思想なのです。まったく違う思想なのです。ではなぜ、唯識の学匠である世親菩薩が、『無量寿経優婆提舎願生偈』を書かれたのかということが問題になるのです。

菩提流支三蔵が生きられた五世紀後半から六世紀の初めの時代は、五世紀後半で世親菩薩が活躍された時代と重なっています。(3) そして、菩提流支がこの『浄土論』を翻訳されていますから、曇鸞大師に直接この『浄土論』を渡されているに違いない。菩提流支は、北インドの生まれで、北インドで生まれ育った。そして他に翻訳しているものに『十地経論』があります。つまり、世親菩薩のものを翻訳されているわけです。そして、『解深密経』の異訳の『深密解脱経』を翻訳されています。『解深密経』は、唯識思想の根本経典ですから、そういう経典を翻訳している翻訳者が、天親菩薩の名で『浄土論』を翻訳されているのです。ですから、天親菩薩が作られた『浄土論』を直接曇鸞大師に渡しているに違いないと思うのです。そういうものを渡された曇鸞大師が、『浄土論』の本質が本願にあると解釈するということは、天親菩薩が『無量寿経優婆提舎願生偈』を書かれた動機の問題についても、菩提流支から何かヒントをもらっていたかも知れないとまで、私は思うのです。

それが、深い宗教的実存の問題なのではないか。『三十頌唯識論』に先立って書かれた『二十唯識論』では、世親菩薩自身が、言葉として、解釈としてここまではいえる。しかし、これから先はいえない。つまり因位の立場から転識得智《てんじきとくち》の問題を語るけれど、自分が転識得智したわけではない。転識得智すればこうなるだろうというところまでは書けるという言葉を、『二十唯識論』の最後に書かれているのです。あの課題です。『三十頌唯識論』を文字どおり、もし本当にその言葉どおり自分が悟りを体験しているのであれば、大円鏡智《だいえんきょうち》を得ているはずです。天親菩薩が大円鏡智を得ていたら、天親菩薩ではなくて天親仏になっているはずです。しかし、菩薩であるということは、この唯識論の思想で奢摩他《しゃまた》、毘婆舎那《びばしゃな》を成就すれば、きっと大円鏡智に至るであろう。阿頼耶識を転じて大円鏡智を得、末那識《まなしき》を転じて平等性智《びょうどうしょうち》を得るだろうとまではいえる。けれども、自分が得たとはいえないということです。ということは、どういうことか。

この課題、自己を取り戻すということは、唯識の立場でいえば、唯識性に住するという言葉、これは安田先生も、「願生浄土」というテーマで一年間、それから「願生論」というテーマで五年間、大谷大学で講義をしてくださった。その講義録のテープがあったはずなのですけれども、一年分だけは出てきたそうです。あとはどこかにいってしまっている。オープンリールで、先生の講義録がどこかにあるはずなのですけれど、今は見当たらない。ただ、有難いことに、火災にあった安田先生宅の焼け跡の焼け残った段ボール箱の中から、大谷大学の講義のための準備ノートが出てきたのです。

安田先生は、たしかにノートを持って講義をしてくださっていました。大谷大学での毎週土曜日の一時間目、二時間目には、上等な皮の表紙でできたような立派な大学ノートを持ってきて、机の上に置いて講義をされていました。ところが、それを開かれたのは見たことがないのです。ど〜んと机の上に置いて、それで先生は、「前の晩に考えて書いてきたようなことをしゃべるような教授は、ろくな教授じゃない」といっておられました。ところが先生は、どこかに講演に行っておられても、必ず前日には京都に帰ってきて、一晩中かかって講義ノートを書かれて、そして大谷大学の講義をなさっていたのです。ですから、六年分の講義ノートがあるわけです。講義ノートがあるけれども、学生の前では講義ノートに書いてあることを講義しているとは絶対見せないし、ノートを開かれたことがない。そういう面白いところがありました。その自筆の講義ノートを加来雄之（大谷大学教授）さんが見つけて、そのノートの内容を何とか読めるようにしようと努力をしてくださって、ほぼでき上がっています。でもこういうものを出版しても、誰も買わないのでは本にできないということで、今のところまだ印刷されていないのです。けれども、先生の講義ノートは、本になる前段階にまでできているのです。

安田先生は、たくさんノートを作っておられます。随想ノートとか、日記も書いておられます。それは、病気になられた後のことです。先生は病気になられて、六十六歳から七十歳まで五年間、肺結核で寝ておられました。その間、勉強ができないし、ものが考えにくい。そういう中で、自分を取り戻すために、日記を書こうと思われたらしいのです。日記を書くと、思索ができるというか、書きつづられたものがたくさん出てきました。一部分は、『安田理深選集』の付録として出しています。けれども、全部はとても出せない。その一つがこの講義ノートです、これは本当に貴重なものです。

この講義ノートを見ますと、「願生」というテーマは人間が自己を取り戻すという欲求。浄土というのは、浄土という場所がどこかにあるのではなくて、本願が荘厳する願の言葉ですから、願の言葉というのは、人間の本来性を回復させようとする願いが、場所として表現されているのです。ですから、浄土に生まれたいということは、自己を取り戻したいということなのだということです。それは唯識でいえば、唯識性に住したいという欲求なのだということになります。自己の本来性に住したいのだということです。繰り返し、自己を取り戻す、自己を回復する、本来性を回復するという言葉で、「願生」ということの意味、菩提心としての意味を解明しようとして、考え続けられているのです。あの情熱と執着力は、本当にすごいものです。それが、安田先生の求道の歩み、ご苦労の歩みだったのだろうと思うのです。

註

（1）八識とは、六識（眼・耳・鼻・舌・身・意識）の根底に根本主体としての「阿頼耶識」とその阿頼耶識を「自我」として考え続ける「末那識」があると、『唯識三十頌』はいう。その八識は、それぞれ独立した作用であって、別々の作用がそれ自体の存在であると護法は考えた。玄奘は、その護法の考えを中心に『成唯識論』を翻訳している。安田理深先生は、八識体別の「体」は「実体」ではなく、作用即実在であるという意味の「具体的事実」をあらわすのだといわれている。

（2）「赤表紙と新聞」という文章は、『曽我量深説教集』の栞に書かれたもので、後に『安田理深選集』補巻に収録された。

（3）世親は、四世紀の人という説と、五世紀の人という説との両説がある。

二　自覚の教学

「自覚の教学」に見る安田先生の思い

『曽我量深選集』第八巻には、曽我先生が八十六歳のときになされた安居の、「『信巻』聴記」が集録されています。その『曽我量深選集』第八巻のしおりになっている「月報」があります。そこに安田先生が「自覚の教学」と題して文章を書いておられるのです。これを読むと、先生にとって唯識教学と浄土真宗の教学とがどうして両立し得るのかということが、疑問の余地もないほどはっきりと分かるのです（『安田理深選集』第一巻収載）。

そこで、安田先生がどのようにいわれているのか、「自覚の教学」の要点を抜き出して見てみたいと思います。

今回の選集として予定されているその夥しい内容をみて、先生がいかに強靭に内観思索の道を一歩一歩と歩まれたか、また希有の高齢の現在なお倦むことなくその歩みをつづけられていることの尊厳なる意義を深く痛感せしめられる。この長い思惟の道に於てしかし、その形はともあれ、一篇として教家的言説のないこと、一貫して思惟の道のアルバイターとして自己を掘り下げて行かれた記録ならざるはないことに、今更の如く驚異の思いを禁じ得ないのである。（中略）

選集される諸篇のいくつかを読みかえしてみて、まだ読んでいなかったのではないかと疑わしめられることが多い。長い時間指導をたまわって来たものとして、甚だ奇怪なことではあるが、まだ私は全然之を理解していなかったのではないかという疑惑につきまとわれることが多いのである。

先生は勿論勝れた真宗学者であり仏教学者であるのだが、私自身いつも先生の言説にふれて経験されることは、その度に私自身の思い上った思いが崩され転ぜられるということである。先生の言説にはつねに人間の底知れぬ深みから出てくる力というものを感ぜしめられる。それは学者から出て来てひとを学者にするものではない、ひとを感心させる学識といったものではなくして、いかなるものをも感動せしめずにはおかぬところの生きた力、忘却していた自己本来の実存にかえらしめられる力である。それが実は真の学者、真の思想家というものであるともいえるのであろう。（中略）

自覚の言説にふれてまた自覚せしめられるのである。とにかくその言説は徹頭徹尾、自己存在の自覚を離れるところがないのである、真宗学といい仏教学といっても、わがという現実の自覚を通してのそれである。真宗学も仏教学も自覚の教学である。つねに自己の一点から思想が展開し、またその一点にかえって行く、展開することによって一層深く自己の根元にかえって行くのである。

とにかく言い得ることは、先生による真宗学というものが、教家の学ではなくして、自覚の学であるということ、内観の途による自覚の学であるということである。選集のうち最も根本的な著述であるところの「救済と自証」の題目に就て考えてみても、その内容のことは別として、その題目自身が已にこの学の最も重要な特徴を語っている。宗教は一般に救済の途と考えられている。信仰による救済が宗教の本質的内容であると考えられている。つまり自証即ち自覚とは対角線的な途と考えられている。それに対して、念仏の仏教を、単なる救済の途でなくして自覚の途として見なおしてくる、それが親鸞の教学である、という主張には革命的な意義があるといわねばならぬであろう。宗教は救済といったところに落ちついていられぬのである。考えてみれば、宗教を救済の途としてのみみるということは、人間の根本的傾向としての自己肯定、自己是認の立場を脱出していないということである。その安価な腰掛になっている立場を打ち破って、人間をして深みの根元に呼びかえす自覚こそ、宗教の本質でなくてはならぬ。他の何ものにも依頼することのない自主自立のわれたらしめる途として見直すということは、革命的といっても、それが実は仏教本来の途である、真宗学は根本仏教であると考えられる。

　ところで、こういった自覚の学としての真宗学に取って、極めて深い関わりを有っているのが唯識学である。真宗学をして自覚の教学たらしめるものは、大乗仏教といっても、諸法唯識という根本命題をかかげるところの喩伽教学である。こんなことがあった。大正の終頃、私の学生時代のこと。先生が京都においでになって、大学での最初の講義は、真宗学講座では「二河譬喩に就て」、大乗仏教講座では「了別と自証」というのであった。私自身は先生の講義を拝聴する以前から、唯識の教学に魅力を覚えて、あれこれと喩伽の論書をよんでいたが、「了別と自証」の講義を聞いて初めて唯識説の思想的本質にふれたように思い、わが道はここにあるの感銘を与えられたのを思い出す。それまで匇論唯識学に何か心引かれるものを有ちながら、あの『成唯識論』に基づく法相教学の教説には何か既成教学として重圧を感じていた。図書館で借り出したものの中から『摂大乗論世親釈』などを見出し、漸く唯識説をその成立過程から見直すことが出来て、一種の新鮮さを更めて感ずるように思ったが、何しろ稚い学生のことで、感銘を得たといっても、云うまでもなく大雑把なものである。ある日先生を訪問して、唯識の研究方法に就て自分の思っていることをお尋ねした、私は諸種の世親の釈論を通して世親の教学の根本となっている『三十頌唯識論』を理解するという、つまり世親によって直接に世親を解釈するという途が、中国伝来の法相学の解釈による間接的なそれよりも一層正確なのではないか、というのであったが、先生は言下に、それは佐々木君（月樵先生）の方法です、私は『大無量寿経』を以て世親の『三十頌唯識』をみる、という頗る高い調子のおはなしであった。そこにあまりに大きな距離があるのを感じ、むしろ低い立場からの一種の抵抗を有ったのだが、そのうちやはり先生の指導の深い意味を覚えるようになった。之によって、漸く自己の主体を外に置いてものを考える対象的研究、所謂印度学としての仏教学に転落するのを脱することが出来た。唯識論を学ぶとは唯識観することとである。一切唯識の止観は自己内観の途である、自覚自証の途である。真の意味での思想の学はそこにある。

『唯識三十頌』を見るに『大無量寿経』を以てするということには、匇論同時にその裏に『大無量寿経』を見るに『唯識三十頌』を以てする、ということがあるのである。『大無量寿経』を以て『唯識論』を見るといっても、先生の『唯識論』の研究が主観的な随意的な解釈であるのではない。私自身は、講義「了別と自証」及びそれ以後の仏典の購読で、先生の『唯識論』の理解が極めて厳密無比なるものであることを知っている。ただそれは全く先生の思索そのものとなっていること、思索の方法になっていることを知らされている。先生の『大無量寿経』の研究、つまり真宗学もまた同様に精密なものであること周知の通りである。つまり唯識学も真宗学も我流の学ではないのである。両者の間に混乱はないのである。どこまでも独立したものと独立したものとの関係である。混乱して一つに見るのではない、両者はどこまでもその独立性を保持する伝統を有っていながら、しかも更互に証明する関係が見出されたのである。両者の独立は、独立しているといっても全く別々の問題を取扱っているのではない、別々の問題を取扱っていると見るのは極めて表面的な見方に過ぎない。『無量寿経』と『唯識論』が表面的には別異の教説であることは当りまえのことである。両者は独立したものと独立したものとでありながら、しかもそこに何か呼応するものがあるのである、共鳴するものがあるのである。深い根底に於て一如なるものがある、異にして一なるところに呼応というものがある。呼応関係は全く異ったものとの間にも、また初めから一つのものである場合でも成立することは出来ない。二つのものが二つのものであることをやめて一であるのではなく、二つのものが二つでありながら一である、その一は差異的同一である。表面的に一でなく、むしろ深い関係に於て一であることを表すのである。この一なる深いものを明晰判明にして行くのが思想の仕事ではないかと思う。とにかく他に照すことによって始めて自己を知る、一層深い自己であるのを知るのである。両者は全く合せ鏡の関係となるのである。こういう更互証明ということからいえば、その真宗学もその仏教学も固定した既成のものではないことにならざるを得ない。更互に相照しあうことによって、照す以前には自覚されなかったものが顕現して来るのである。

まず『唯識論』を以て『無量寿経』の本願の教説を照すということは、それを自己の存在に直接なる真理として自覚的に見るということである。本願というものを自己のうちに自己を超えて自己を成立せしめる原理的なるものとしての意義を見るのである。大体『無量寿経』の本願の教説は一つのミュトスとして、法蔵菩薩の荘厳浄土のメールヘンとして説かれているのである。そこに何か深いものの存在を感動的に知るのだが、それ已上に自己をして自己たらしめる真理として把握することが出来ない。これを自己に関わる真理として自覚的に把握すべきことが経の教説では要められている。そうでなければ感動ということは有り得ぬことである。（中略）

識は何かを知るという了別作用たるにとどまらず、知るものを知るという自証作用をその本質とする。こういう識の識流としてアーラヤと名づけられる根本識がたてられているが、先生の「救済と自証」を初めとして他の諸篇に繰返し繰返し、『無量寿経』の法蔵はアーラヤ識であることを主張されている。これは全くミュトスの克服たるエントミュトロギジールングである。これによって、法蔵はわれよりも近いわれとなったのである。逆にこの法蔵の本願よりアーラヤ識を見るならば、そこには『唯識論』のみでは見られなかった宗教的なる本能ともいうべき超越的意義が見出されてくる。この更互証明によって、両者の根底に、法蔵菩薩なるアーラヤ識、アーラヤ識なる法蔵菩薩というべきものが顕わとなってくる。単に比類的に一方の概念によって他方の表象を考えるのではない。両者の根底に両者の一如なるものが叫んでいる。それはいわば、われのわれであるところのものである。両者の根底に含蓄的に伏在していた一つの意味、われのわれが叫んでいたのである。それは他ならぬ現実的存在としての人間そのものの原型、現実存在としての人間を成立せしめるその根底である。『唯識論』と『無量寿経』とは、別々の問題を問題としていたのではなく、異った相に於て右の如き一つの意味に就て語っていたのである。（『安田理深選集』第一巻五二一～五二六頁）

（『曽我量深選集』「月報6」では、旧仮名遣いで書かれていたが、『安田理深選集』第一巻に収載したときに、現代仮名遣いに改められた。）

これが、「自覚の教学」の要点です。

安田先生が唯識にかけられる情熱というものが良く分かります。安田先生は、『三十頌唯識論』の非常に厳密な解釈、『成唯識論』を手がかりにしながら、必ずしも『成唯識論』にきちっと寄り添うというわけではない。『成唯識論』のいわゆる法相教学、がちっと固まった教学のままではなくて、安田先生独特の非常に求道的で実存的な感覚と、そして安田先生自身の唯識の非常に深い学びで貫かれているのです。それはいつ、どういう形で勉強されたのか分からないくらい深いのです。『摂大乗論』の解釈、世親釈論、無性釈論という解釈が翻訳されている。しかもそういう翻訳も、違う翻訳者が翻訳したりしている。そういうものを若いころにほとんど全部きちっと読んでおられて、その違いも区別しながら、ちゃんと考えておられる。そして『三十頌唯識論』の注釈書類、『成唯識論述記』（窺基撰）とか、いわゆる「（唯識）三個疏」（『成唯識論樞要』窺基撰、『成唯識論了義燈』恵沼述、『成唯識論演秘』智周撰）といわれる中国の細かい註釈なども、ちゃんと目を通された上で、それを咀嚼して、自分の思想として表現なさっているのです。これは、凄いことだと思います。けれども、それがたんに思想的な興味とか、唯識教学の歴史学的な興味とか、思想史としての興味とか、そういうことではないわけです。安田先生にとっての、仏道そのものを求めるという菩提心の内容として、唯識論が非常に重要な意味を持っているのです。

一方で、曽我先生を通していただいた親鸞聖人の信心の学び、『教行信証』の学びというものも、若いころから、『教行信証』ばかりではない、仮名聖教も含めて随分と講義をなさっている。そういうことがどうして両立しうるのか。教養として一方を勉強していて、片一方は信念だということならば、江戸時代の学者でも、たとえば香樹院徳龍講師などでも、午前中は唯識の講義をして、午後は『御本書』の講義をするということをされています。けれども、その場合は全く違うものを違うように講義をされるということであって、仏教文献を解釈するということであったわけです。

ところが、安田先生の場合は、たんに文献を解釈するというよりも、安田先生が常にいわれていたのは、歴史の淘汰をくぐって残ってきた文献、いわゆる古典といわれるものが一番新しいのだということです。古典から一番新しい思想が常に泉の如く湧き出てくるものなのだといわれて、そこから自分自身の求道の糧を獲得しながら読んでいかれたのです。そのために、先生がお話されているときは、違う二つの流れのものを講義されながら、それがほとんど別のことではないということになるわけです。それがどうもよく分からないところとして、私には残っていました。

その問題を解明するものとして、「自覚の教学」という文章があったのです。ともかく、これをしっかりと読めば、安田先生における唯識と親鸞聖人の信心の教学というものは別のものではないことが分かります。この二つの流れは違う流れであり、違う思想であることは当然なのだけれども、両方をぶつけ合わせて自分の求道の糧にする。その方法は、じつは「自覚の教学」では曽我先生について語っておられるのですけれども、曽我先生のいわゆる「法蔵菩薩は阿頼耶識なり」というテーマは、やはり、まったく違うのが分かった上でぶつけ合わせて考えるところに、曽我先生における仏道、生きた仏教があるのです。それによって、法蔵菩薩という、たんに物語であったものが、自分自身にとってどういう意味があるかということ、そして一方で唯識の教義学の用語でしかなかった阿頼耶識という言葉が、生きた宗教的な、安田先生は宗教的本能ということをいわれていますが、人間存在の宗教的本能をあらわす言葉として曽我先生において生きてはたらくのだということをいわれている。つまり、仏教は自覚の教学なのだということを強くいわれている。違う流れがあっても仏道の課題というものが、本当に仏道を求めるときには、違いながらどこかで深く関係する。違っていながら一つになる、二にして一であると、そういうことをいっておられるのです。

『唯識三十頌』が説く意識構造

ところが、それでもまだ納得できない問題が残っていたのです。それは、曽我先生でも安田先生でも、唯識という問題は世親の教学であるわけです。世親の教学としての唯識論と、そして『無量寿経優婆提舎願生偈』というものがある。この『無量寿経優婆提舎願生偈』は、婆藪槃頭《ばそばんず》菩薩が書かれたということを菩提流支三蔵が知っていて、その「婆藪槃頭」を「天親」と訳された。また婆藪槃頭という人が『十地経論』を作っていて、それを菩提流支が、天親の釈論として翻訳されている。天親菩薩による『十地経』の解釈である『十地経論』も、菩提流支三蔵が翻訳されているのです。

さらに、婆藪槃頭菩薩と菩提流支が生きておられた時期が、先に述べたように、ごく近いか、または重なっているのです。そういうことからしても、菩提流支は婆藪槃頭菩薩（世親菩薩）と出会い直接教えを受けたかもしれないのです。北インドに生まれた菩提流支三蔵と北インドで活躍しておられた天親菩薩とは、どこかで触れ合っている可能性が高いわけです。私は、そういうことは十分に考えられると思っているのです。

それに、菩提流支三蔵の翻訳されたものには、唯識関係の経典では、『深密解脱経』という名前で翻訳されているものがある。後に唐になって玄奘によってこれが『解深密経』という名前で翻訳されて、これが唯識教学（法相学）の根本経典になっているのです。そういうものを翻訳されているということは、インドでかなり深く唯識教学を学んだ翻訳三蔵だったということなのです。その菩提流支三蔵が、中国に来て『浄土論』を翻訳されているということです。それを親鸞聖人は、非常に大事な『無量寿経』の論として、積極的に自分の思索に組み入れておられるのです。法然上人も『選択集』で「三経一論」といわれています。

三経というは、一には『無量寿経』、二には『観無量寿経』、三には『阿弥陀経』なり。一論というは天親の『往生論』これなり。（聖教全書一・九三一頁）

と書かれているわけですから、『往生論』（この書は『浄土論』と『往生論』の二名があり、親鸞聖人は『浄土論』をお使いになっている）が三経の歴史にとって大事だということは法然上人もおさえておられる。けれども、『浄土論』を本願の書としてどう読むかということについては、法然上人のものを読んでもよく分からない。

浄土教の歴史で、曇鸞大師が註釈をされたということ、そして浄土教の流れで、比叡の山の天台浄土教の中で源信僧都が『往生要集』を書かれるときには、やはり天親菩薩の『浄土論』を随分と読み込んで取り入れておられる。『往生要集』に、「正修念仏章」というのがあります。「正しく念仏を修する」ということを説くところで、『往生要集』の中心の章です。その中心になる章の組み立て方は、

正修念仏というは、これまた五あり。世親菩薩の『往生論』にいうがごとし。「五念門を修して行成就しぬれば、畢竟じて安楽国土に生まれて、彼の阿弥陀仏を見たてまつることを得。一には礼拝門、二には讃歎門、三には作願門、四には観察門、五には回向門なりと」（聖教全書一・七八

〇頁）

とあって、礼拝・讃嘆・作願・観察・回向という五念門に依って「正修念仏」を語っているわけです。

ですから、源信僧都が『浄土論』を深く読み込んでおられたということは分かる。ただ源信僧都の見方は、天親菩薩が菩薩として、自分が五念門を修する、それは「善男子善女人」であっても五念門を修する、そういう行者の修行内容としての五念門という形で、「正修念仏章」は書かれているわけです。ですから、おそらく親鸞聖人は、比叡の山でそういう形のものとして、『浄土論』『浄土論註』を読んでおられたに違いない。

これも私は、ふと気がついたのですけれど、『浄土論』という天親菩薩のあの短い論が、論だけで日本に伝わったり、日本で読まれたりしていたのではないということです。『浄土論註』が伝わって『浄土論註』の中の『浄土論』として読まれていた。『浄土論註』は、『浄土論』の註釈ですから、当然『浄土論註』に『浄土論』が載っている。ですから、『浄土論』だけを読むというよりも、『浄土論註』で『浄土論』を読むということが、曇鸞大師以降の浄土教の伝統だったと思うのです。そういうふうに読まれてきていた。ですから、煩悩具足の凡夫が阿弥陀如来に帰命するという、そういう内容として、『浄土論』が初めから読まれている。つまり、曇鸞大師が読まれた形で『浄土論』が読まれている。しかし、本当に曇鸞大師が註釈された眼目を、きちんと受け止めているかというと、どうも源信僧都の読み方とかを見ても、よく分からないところがあります。善導大師も『往生礼讃』の初めに五念門を取り上げておられますけれども、どうもよく分からないのです。

親鸞聖人はおそらく、そこをどう読むべきかを随分と考えておられたに相違ないのです。比叡の山におられたときから、相当学びを深めておられたに違いないということを、私はずっと考えています。『教行信証』の内容というのは、法然上人のもとに入門してから後に、経典類や論書類を読み漁って書かれたというものではない。おそらくもう比叡の山で、若いころに散々読んでいて、何がどこに書いてあるとか、どういう問題はどこで論じられてあるというようなことは、もうすでに読み込んであった。そのうえで、法然上人のもとで専修念仏の教えを学ぶようになっていかれたのだろうと思うのです。『教行信証』を作るような、あの思想的な仕事をする素質の人が、若い時代に何の思索もしなかったなどということは考えられません。そういう意味で、親鸞聖人の若い時代の学びというものは、相当深かったに違いないと思うのです。

親鸞聖人が、天親菩薩の『浄土論』の中心をどこに見られたのかというと、「世尊我一心」という、あの最初の一句に見られたのです。そして、その「世尊我一心」ということに応えているものが、「仏教と相応する（与仏教相応）」という課題です。『浄土論』には、

我修多羅、真実功徳の相に依って、願偈を説いて総持して、仏教と相応す。

（我依修多羅　真実功徳相　説願偈総持　与仏教相応）（聖典一三五頁）

とあります。この仏教と相応せんという願心が、自分において成り立ったという宣言が、「我一心」ということです。我が一心において仏教と相応できたという、そういう宣言だと、親鸞聖人はお読みになった。

親鸞聖人は、そのように読まれたのですが、私の疑問は、唯識の学匠である天親菩薩が、なぜ『無量寿経優婆提舎願生偈』を書かれたのかということなのです。

曇鸞大師が「不虚作住持功徳」の釈文のところで、阿弥陀仏の浄土が不虚作住持功徳を持っているということはどういう意味かということを註釈するときに、求道の中で一番みじめなのは行き詰まり、安田先生の言葉でいえば精神的停滞であるといわれています。菩薩道でいえば、それは「七地沈空」だと。これが不思議なのです。『十地経論』の七地のところを見ても、七地沈空という言葉が出ているわけではないのです。曇鸞大師が、なぜあそこで七地には沈空があるといわれたのかということが、一つの問題であると思います。菩薩道の展開だと六地までで、第六地というのは現前地と名付けられていて、そこに『華厳経』は「三界唯一心」ということを書いています。六地までで「三界はただこれ心の作なり（三界但是心作）」という、この「三界但是心作」という言葉を手がかりにして、唯識思想が深められたといわれているわけです。

菩薩道の初地から六地というのは、菩薩の修行の六波羅蜜に相当するという解釈もあるのです。そこまでいくと、智慧が開ける。六波羅蜜は、布施・持戒・忍辱・精進・禅定・智慧ですから、戒・定・慧でいえば、慧が開ける。慧が開けるというところに歩みが止まるのかというと、『十地経』では菩薩道は七地・八地・九地・十地と展開している。六地までで智慧が開けたのに、なぜそれがさらに展開するのか。そこに方便・願・力・智ということを『十地経』は語っているわけです。方便ということが第七地でいわれていて、その第七地の経文というのは、読んでもちょっと分からない。なぜ七地が開けてくるのかというところに、諸仏という言葉が出てきたり、方便という言葉が出てきたりするのです。曇鸞大師は、それを菩薩道に限界があるということでおさえられたと、安田先生はよくいっておられました。「人間が努力して自己を究めて、仏に近づこうとして歩んでいくとすれば、七地が限界なのだ」ということです。一切は平等である、一切は一如平等であるという智慧に到達して、迷いが消える。

曇鸞大師は『浄土論註』で、

　菩薩七地の中にして大寂滅を得れば、上に諸仏の求むべきを見ず、下に衆生の度すべきを見ず。

（「証巻」聖典二八六頁）

といわれています。「上に諸仏の求むべきを見ず」、求むべき菩提はもうない。さらに、「下に衆生の度すべきを見ず」と、苦悩している衆生というのは妄念でしかないのだと。すべてが一如平等なのだと、このように仏法の智慧が開けるということは、そこで下手をすれば歩みが止まるということです。もし歩みが止まるということになったら、そこから上は人間の努力では行けない。つまり努力無用の智慧に触れる。努力が要らないという智慧に触れたら、努力は要らないのだから、そこで止まってしまう。この問題が、菩薩道の限界なのだといわれるわけです。それで安田先生は、「八地以上というのは仏が降りてきたのだ」という言い方をされるのです。人間が上がっていく位を書いているのではない。十地というけれど、求道で上がっていけるのは六地までで、七地で行き詰まる。それで、八地以上は仏が降りてくるのだと、このようにいわれていました。

安田先生が、『十地経論』の註釈を東寺の宝菩提院で講義をしておられたときに、そのように講義されていました。私には、なぜそのように見るのだろうかという謎が残っているのです。

そのように、七地というものが、菩薩にとっては抜きがたい課題なのです。これがあるから、浄土の不虚作住持功徳をいただきたいということで、龍樹菩薩も天親菩薩も阿弥陀仏の教えに触れておられるのだと、曇鸞大師が註釈しておられるわけです。『浄土論註』には、

阿弥陀仏を見るとき、上地のもろもろの菩薩と、畢竟じて身等しく法等し、と。龍樹菩薩・婆藪槃頭菩薩の輩、彼に生まれんと願ずるは、当にこのためなるべしならくのみと。(「証巻」聖典二八五〜二八六頁)

といわれています。

それでは、七地沈空といわれる問題が持つ課題は、いったい何であるのか。もう煩悩は起こさない、菩薩道は十分に尽くした、これでもう智慧が開けたという境位、そういう境位に何の問題があるのか。曇鸞大師が沈空という註釈をされている背景と、深みというものがよく分からない。そういうことがあって、私としてはどう考えるべきなのかということがずっとあったのです。

『安田理深選集』第三巻は、「第二能変」を論じていて末那識論なのです。初能変は阿頼耶識論(『安田理深選集』第二巻)、第二能変が末那識論(『安田理深選集』第三巻)、第三能変(『安田理深選集』第三巻・第四巻)は六識を論じています。

能変というのは、意識そのもの。意識が変じて、意識の内容を意識するわけですけれども、それを

能変という言い方をするのですが、第二能変の末那識論が安田先生の唯識講義の『安田理深選集』第三巻なのです。ここでは、末那識とは何であるかということを懇々と語っておられる。それは阿頼耶識という名前が見出されて、唯識の思想というものが大乗仏教として独立し得た。六識だけが意識であれば、人間の存在をきちっと語れない。六識の因縁がただ起こっているというだけですと、どうしても謎が残るのです。なぜ六識だけが現象しているのに、自我という意識があるのか。なぜ六識が熟睡して消えてしまっても、また目が覚めたら、昨日意識した自分が今ここに生きていると、こういう意識はどうして出るのか。そうすると、眼・耳・鼻・舌・身・意という六識だけだと、消えたり起こったり、消えたり起こったりするというだけで、自我というものは説明できない。そうすると、そういう六識が現象する根拠があるはずだというところから、阿頼耶識という名前が見出されてきたのです。

「愛阿頼耶（アイ・アラヤ）」という言葉があって、古い言葉だそうですけれど、真の愛着処。つまり寝ても覚めても愛着されるようなものが、阿頼耶という言葉で伝えられている。これを根本識としておさえて、そしてその上に現象する意識というものを考える。その阿頼耶とは何であるかという議論があって、そこで唯識学説では、阿頼耶識論が深められていくわけです。阿頼耶識論については、安田先生は『安田理深選集』第二巻に、これも懇々と語ってくださっています。それを、読ませていただいたのですけれども、何か通り抜けてしまっていたのです。安田先生は、阿頼耶という言葉自身、阿頼耶識と名付けられる識は三つの名前を持っている。異熟識と種子識と阿頼耶識という三つ名前を持っている。これは三位というようなことでいわれたり、過・現・未（唯識三世）でいわれたりするのです。ともかく「阿頼耶なり、異熟なり、一切種なり」（『唯識三十頌』第二頌）という三つの言葉で阿頼耶識がおさえられる。しかし、阿頼耶という名前には、既に執蔵といって執われる蔵、つまり阿頼耶識があることにおいて、愛着処として常に自分を愛着してやまないという意識の根拠になる。ですから、阿頼耶という名前がある限りは、迷妄の生活の根拠であるということになるのです。

『摂大乗論』では、阿頼耶識論の中に雑染分の種子ということが考えられているのです。阿頼耶という名前が名付けられる識は、寝ても覚めても迷いの生活をする主体であり、無始以来の無明の生活の結果を引き受けて、そしてまた無明の生活を起こしてくる根拠です。ですから、阿頼耶と名付けられる限りにおいては迷いの意識である。けれども『摂大乗論』の中にも、阿頼耶識自身が汚れているというよりも、阿頼耶識を汚す作用、染汚分、染汚する作用が阿頼耶識の中にあるという考え方までは行っている。ところが『三十頌唯識論』になって、初めて第二能変として末那識という名前が出てくる。末那、マナス（manas）という梵語は、考えるという作用らしいのです。安田先生は、ドイツ語で denken ということをいわれていました。考えるという作用です。何を考えるかというと、阿頼耶識をいつでもいつでもこれが自分自身だと考える。その作用は、阿頼耶識そのものではなくて、阿頼耶識から起こって、阿頼耶識を自分だと考える、そういう作用です。『摂大乗論』では、これが阿頼耶識の中に取り込まれて考えられていた。それを独立した意識、第二能変として「末那識」と名付け、それ自身を考えることが『三十頌唯識論』の特徴になったということです。そういうことを、安田先生は繰り返していわれているのです。

つまり、末那識という識を立てる。そこに末那識相応の煩悩ということがいわれている。末那識相応の煩悩は、「我痴・我見・我慢・我愛」という四大煩悩である。阿頼耶識に、直接には煩悩は相応しない。一切の経験の種子を持っているけれども、種子というのは無性格です。現行すると善悪の価値作用を持つ。種子というのは可能性ですから、可能性があったからといって別に善でも悪でもないわけです。善でも悪でもない可能性ですから、悪が出るか善が出るか、どっちに何が出てくるか分からない状態ですから、種子は悪でも善でもないのです。それが現行すると、善か悪か無記かという性格が出るわけです。ですから、阿頼耶識は一切の種子を蔵しているけれども、阿頼耶識自身は無性格なのです。それが『三十頌唯識論』の考え方です。

ですから、善であろうと悪であろうと、一切の経験を薫習される根拠であって、好き嫌いをいわない。真の主体は、自分にとって都合の良いことだけを経験として入れるのではない。悪いことも良いことも、全部の経験を蓄積する。それが阿頼耶識の性格なのです。安田先生は、「阿頼耶識というのは阿呆みたいなもんや」と、関西弁でいっておられました。良い悪いを判断しないのだと。黙って経験を引き受ける場所である。それに対して末那識は、その阿頼耶識を自我だと考える。この考えがつくことによって、阿頼耶識から起こるあらゆる経験は煩悩の経験、つまり雑染の経験になる。雑染の経験の根拠として、末那識が染汚依として、雑染の依り処としておさえられる。その末那識には我のついた煩悩、我痴・我見・我慢・我愛という、我の煩悩が相応する。そしていつでも、末那識が現象すれば煩悩が相応して起こる。これを「倶生起の煩悩」という。これに対して六識相応の煩悩は「分別起の煩悩」という。このように天親菩薩が、末那識の持つ意味を整理された。

『摂大乗論』の無著では、そこまで雑染の意識としての自己というものを深めていないといってもいいわけです。一切は意識として起こる、その意識が我々の意識として起こっていて、寝ても覚めても生きている。その意識する自己には、常に自我の愛着がついている。そんなに深く自分を愛しているのだろうかと思うのですけれど、その愛といっても、激しく愛するという愛ではない。六識相応で愛ということをいえば、相手があって、それを愛するという、非常に強く出るわけですし、腹立ちとか欲望とかも強く出る。けれども、深層意識の末那識は、六識の意識に自覚されるようなはたらきではないのです。存在を説明するための、存在がなぜいつも煩悩でしか意識が起こらないのかという、存在根拠としての染汚依、存在が雑染される根拠としておさえられていて、そういうものは反省して気づいてやめるというようなことができない。つまり、それが残ったままで求道して、六識相応の煩悩を起こさないようにするという努力の結果、小乗仏教だと阿羅漢になるわけです。「倶生起」とは生まれるときには、すでに付帯しているということです。生まれてから経験して出てくる質ではないというのです。

大乗仏教では、阿羅漢というものは、究極的な智慧を得た仏陀ではないとされます。阿羅漢の問題は、もう煩悩は起こさなくなった、綺麗な身になったということで終わってしまうという、そこに大きな問題があるとみるわけです。もし仏法がそこにとどまるなら、苦悩の衆生と無関係になってしまう。

ですから、阿羅漢になって自分だけたすかってしまうという、そういうたすかり方は仏陀の願いに背くものだという、激しい大乗仏教からの批判があるわけです。それは六識に起こる煩悩を叩き伏せても、自分の意識で、意識自身の罪を消して、綺麗な身になったと思い込む。それと、大乗ではあっても菩薩が第七地に至るとき、同じような体験に入ってしまうのだと、曇鸞大師がおさえられている。小乗では究極の、四向八輩（預流向・預流果、一来向・一来果、不還向・不還果、阿羅漢向・阿羅漢果）というのですけれど、その八輩の最高位が阿羅漢果です。菩薩はまだ七地なのですけれど、七地でとどまってしまうという。それは小乗の阿羅漢と同じ行き詰まりではないか。そういう問題をおさえているのです。なぜ七地というところでとどまってしまうのかということは分からない。曇鸞大師は、そのことについては書いておられないのです。

唯識の学匠である天親菩薩がなぜ『願生偈』を書かれたのか

菩薩の歩みが、七地でとどまってしまうという問題と、世親菩薩が『無量寿経』に依る論、『無量寿経優婆提舎願生偈』を書かざるを得なかった課題とが、関わっているのではないかということを私は思います。それは、天親菩薩の求道心が末那識を見出したということ、そして末那識相応の煩悩というのは自分に起こる菩提心、自分に起こる宗教的要求で、清浄にしようと思って消せるようなレベルの問題ではない。つまり地下水脈を汚す下水みたいなものですから、表をいくら綺麗にしても、その生きている根に汚れがずっと続いているわけです。こういう問題を気づいて、末那識という問題を第二能変として明らかにした天親菩薩にとって、この『無量寿経優婆提舎願生偈』というものが持つ意味は大きい意味がある。それは、深層意識の罪といいますか、それは自分で記憶したり、他人が気づいたりするような、いわゆるこの世で犯した罪の数々というレベルではない。そういう問題を、人間は持って生まれてきているということです。これを神話的には、前世の業、宿業というような言葉でいってきているわけでしょう。

宿業の罪というものは、我われには思い当たらないわけです。何をしたかというような罪ではない、生命と共についている罪、それは反省しても分からない。ですから、今起こる因縁が、なぜこんな因縁で罪な身を生きなければいけないのかということは、説明できないわけです。それを宿業という言葉でいう。どうもそういう深い罪悪性を持った意識存在ということを感じられて、天親菩薩は、菩提心を本当に成就するという要求において、その行き詰まりを解決するべく、『無量寿経』の本願の教えに帰されたということがあるのではないか。だからこそ、『浄土論』を読むということを、曇鸞大師が、おそらく生涯をかけて『浄土論』を註釈されたといってもいいほど、全力をかけて『浄土論』を註釈されているわけです。

曇鸞大師の伝説によると、後から後から翻訳されて入ってくる仏教の経論、なかでも『大集経』を読み尽くしたいと願われた。そのように、非常に知的要求が激しかった。けれども、曇鸞大師という人は健康が心配だったのです。安田先生は、蒲柳《ほりゅう》の質（体質がひ弱）だったのではないかといわれていました。体が弱い、それをなんとか健康にして勉強したいというので、中国に伝わっている神仙の法を学ばれたのです。神仙の法で健康になって、それで仏教を勉強しようとされた。そういうことを、菩提流支三蔵の翻訳の場に参加していて、菩提流支三蔵に語られたのでしょう。それで、菩提流支三蔵に叱りつけられた。「お前は仏教を勉強していながら、長生きして迷いのいのちを長らえようという態度で、仏教が分かると思っているのか」と叱りつけられた。それではたと気づいて、その場で仙経を焼いたといわれているのです。これに親鸞聖人は非常に感動しておられるのです。このように、曇鸞大師という人も、回心の機といいますか、翻っておられるわけです。

曇鸞大師に翻りということがあるわけですが、それと同じように、天親菩薩にも翻りがあります。天親菩薩は、『倶舎論』という小乗仏教の論を書かれた人です。ですからもとは、小乗部派に属していた学者で、しかも『倶舎論』を書くくらいですから、頭抜けた学者だったわけでしょう。大乗と小乗とは、互いに論敵であるわけです。ですから、小乗から大乗に回心するということは、並大抵のことではないわけです。そこには、よほどの求道心の翻りがあったということです。小乗仏教を自分は求めたけれども、これは至らないといいますか、何か深い懺悔があって、大乗に回心されたのでしょう。

大乗に回心して、無著の唯識論の学びの中で、『摂大乗論』を註釈しておられるわけですから、兄の無著の唯識思想を徹底的に学んでおられるわけです。兄の無著は、徹底した自力の立場の人ですから、その当時浄土の教えというものも盛んだったのでしょうが、『摂大乗論』の中では、浄土教の称名念仏というようなものは軽いものだといって、侮蔑しているのです。そのように、師事している兄が軽いものだという念仏を依り処とする『無量寿経』の本願の教えを、ことさらに取り上げて偈文にうたうということは、天親菩薩にはある意味で、深い罪の問題があって、何かどうしてもこの『三十頌唯識論』だけでは自分の仏法が成就しないという問題があって、『浄土論』を書かれた可能性が高い。その間の経緯を、ひょっとしたら菩提流支三蔵は知っておられたのではないか。あるいは聞いておられたのではないかと思うのです。それを曇鸞大師に伝えているということがあって、曇鸞大師は『浄土論』を、浄土の教えの中心にこれがあるということで、非常に力を込めて註釈をされる、そういうことが起こったのではなかろうかと思うのです。

つまり、人間存在を本当に自覚するとは、人間存在の持っている煩悩の罪を自覚することである。その罪業流転のいのちを本当に脱出（解脱）し克服する、そういうことがいかにして可能かと。こういう要求に立つときに、どうしても抜けることのできない行き詰まり、意識的な求道心とか、努力とかでは克服できない「地下水脈の汚れ」という限界にぶつかって、これを本当に突き抜けなければ、自分が存在の成就をいただきたいという要求に自分の答えが見出せない。求めて得られない、そういう限界に至ったところに、この『無量寿経』との出遇い、本願との出遇いというものが起こる。そういうことが、天親菩薩にあったのではないか。どうもそこの問題がちゃんと考えられてこなかったのではないかと、私は思っているのです。

親鸞聖人は、おそらくそういうことについて、どこか天親菩薩の菩提心に共感もなさるし、それが浄土教の歴史の中で『無量寿経』の歴史、本願の歴史の中で『浄土論』が非常に尊ばれてきたということへの視座でもあります。しかし、親鸞聖人が納得できなかったものは何かというと、多分煩悩の深さ、あるいは意識の雑染性の反省というか、気づきというものが深いから、どうしても一心になれない、自分には真実信心が成り立たない。そういう問題があって、いかに努力してみても、自分の努力では気づけない濁りが、寝ても覚めてもその濁りが現象してくる。雑染の根拠というものが、自分の気づきより深みにあるわけですから、これを取り除くことができない。そういう問題があって、多分、法然上人のもとに、最終的に行くしかないと決断された。それでも、法然上人のもとに行っても、うなずけるまでには百日かかったということがあるのではないでしょうか。このことを伝えてくださっている『恵信尼消息』は、非常にありがたいものだと思います。

親鸞聖人が、法然上人の弟子となられた「吉水入室」について、覚如上人は、

建仁第三の暦春のころ　聖人二十九歳　隠遁のこころざしにひかれて、源空聖人の吉水の禅房に尋ね参りたまいき。（『本願寺聖人伝絵』聖典七二四頁）

と書いておられます。隠遁のこころざしの、隠遁というのはどういうことかというと、その時代、法然上人もある意味で比叡の山から下りたということは隠遁したともいえるわけです。どういうことかというと、正規の僧侶としての資格をもって、仏弟子の名前を貰って僧侶として修行している、あるいは僧侶の位置を持っているということは、その僧侶が属している寺なり教団なりが国絡みの法事、

つまり鎮護国家の法事をするときに、役割を務めるというのが決まりだったのだそうです。ですから、比叡の山などで僧侶としてある位置を持てば、必ず比叡の山で行われる行事には参加しなければいけない。そういう縛りがあったそうです。それで、隠遁するということは、それを断る。それを断っても、僧侶の資格を剝奪されるとか、僧侶をやめるということではないということだったのです。

解脱坊貞慶も、隠遁していたそうです。つまり正規の場所には出ない、出ないけれども教団の一角にいて、自分も勉強し、人をも指導する。こういうことが許されたらしいのです。隠遁というのは、たんに逃げ出して脱落するという意味ではないらしいのです。隠遁というのは、そういうことを意味する言葉だそうです。

ですから、法然上人も山を下りられたけれども、ずっと黒谷の源空といわれる。つまり、僧源空という位置は奪われてもいないし、自分から返上もされていない。そういうのを隠遁というのです。現代で隠遁というと、もうやめたと、完全にどこかこの世の中から消えてなくなるみたいなイメージがあるけれど、そういう意味ではない。それで、親鸞聖人の場合は、比叡の山で常行三昧堂の堂僧であったらしいのですが、その立場をやめたいというので、法然上人を訪ねられたというわけです。これでは、あまり意味がないように思うのですね。ですから、隠遁の志とは、覚如上人が何を考えてそのように表現されたのかよく分からないのです。

それに対して、『恵信尼消息』では、

山を出でて、六角堂に百日こもらせ給いて、後世を祈らせ給いけるに、九十五日のあか月、聖徳太子の文をむすびて、示現にあずからせ給いて候いければ、やがてそのあか月、出でさせ給いて、後世の助からんずる縁にあいまいらせんと、たずねまいらせて、法然上人にあいまいらせて、又、六角堂に百日こもらせ給いて候いけるように、又、百か日、降るにも照るにも、いかなる大事にも、参りてありしに、（聖典六一六頁）

と書かれています。

恵信尼公は、六角堂参籠ということがあって、百日の参籠をして、そして九十五日のあか月に夢をご覧になって、いよいよ法然上人のもとに行かざるを得なくなったと書いておられる。この次第は、だいたいそうなのだろうと思うのです。

覚如上人は、「吉水入室」の段の後に、あらためて、

建仁三年　辛酉　四月五日夜寅時、聖人夢想の告ましましき。彼の『記』にいわく、六角堂の救世菩薩、（中略）善信に告命してのたまわく、（『本願寺聖人伝絵』聖典七二五頁）

と、六角堂での夢告を記しておられるのです。この書き方ですと、法然上人の門下になってから、六角堂にまた参籠していることになります。なぜそのように書かれるのか分からないのです。

恵信尼公の書き方だと、迷いの深さがあって、もういよいよどうしていいか分からないということで六角堂に参籠された。百日というのは、その当時日限をきって行をするとか、籠もるとかいう場合、百日というのが単位なのだそうです。それで、百日の願掛けをしているときの九十五日、もうほとんど終わり近くになって、何か夢をご覧になった。それで、法然上人のもとに通いはじめて、また百日

の間通われたとされています。これはたぶん、親鸞聖人が恵信尼公に語られているのだと思うのです。法然上人のもとに百日通った。ただ、どこから通われたのかは分かりません。とにかく、百日通ったということは、すぐ入門されたのではないということです。入門するまでに百日かけた。百日と一言でいうけれど、三か月ちょっとでしょう。毎日通うとはどういうことか。たぶん、本願に帰するということが見えないというか、どうしても浄土を求めて行ずるということになると、たとえ念仏しても意識が十九願ですから、努力して、努力した結果いいところに行けるという発想で、比叡の山ではやっていたに違いないし、そういう形で教えを了解しようとする。五念門も自分が行ずるという形で了解しようとする。それを法然上人によって、「選択本願」は如来の本願なのだと。だから如来の大悲が選んでいるということを信ずるのだと。本願に帰するということは、本願のはたらきを自分の依り処にするという選びですから、自分から近づいていくのではない。本願のはたらきに自分を投げ込むわけですから、そこに回心があるわけです。それに百日かかっているということは、親鸞聖人にすれば、つまり『浄土論』『浄土論註』の読み込みを経ていて、読んでいたけれども「ああ、そうか」と気づけなかったということではないかと思うのです。曇鸞大師がいわれている意味は、凡夫として本願に帰して一心が成り立つというあの「一心」は、「如実修行相応」の一心だと。

相応ということは、これは翻訳された唯識の言葉なのでしょう。ヨガ（yoga）という言葉を、中国語で音訳すれば瑜伽、意訳すれば相応です。教えの言葉と求道心とが一致するということです。だいたい、『観無量寿経』の場合だと、教えの言葉と自分の意識を一致させようということが「観察」

の行で、教えとして浄土の姿が説かれている。その言葉を聞いて、自分がその言葉の内容を、自分の存在が浄土の中にあるが如くに感じられるようになるまで浄土を観察していく。そのような観察行を通して、自分が完全に教えと一つになるのが目標です。ですから、自分の側から教えに相応していこうとするのが、普通の修行の態度であり、菩提心の方向であるわけです。

そこに深い溝があって、一致しようとするけれども、どうしても一致できないということがある。その一致できないという問題が、「信巻」を生んでいるのです。曇鸞大師が、讃嘆門釈で、

かの名義のごとく、実のごとく修行し相応せんと欲う（「信巻」聖典二一三頁）

という。その名前の意味と、そして如実修行と相応したいと欲する、その讃嘆門、つまり名前が行としていわれていて、そして教えの意味と衆生の身心とを一致させようとする。如来の願が名となっている。それと、衆生がその名を称えることにおいて、名の意味と自分を一致させる、そのように註釈されている。

ところが、それが一致しない。その理由について、曇鸞大師は、

いかんが不如実修行と名義不相応とする。（中略）また三種の不相応あり。一つには信心淳からず、存せるがごとし、亡ぜるがごときのゆえに。二つには信心一ならず、決定なきがゆえに。三つには信心相続せず、余念間つるがゆえに。（「信巻」二一四頁）

といわれているのです。

一致しないのは、三不心、つまり淳心・一心・相続心でないからだと曇鸞大師がいわれているわけです。一心でないから相応しないのだ、一心になれば相応する。このように曇鸞大師が註釈されているところを、親鸞聖人は、

決定の信をえざるゆえ　信心不淳とのべたまう
如実修行相応は　信心ひとつにさだめたり（『高僧和讃』聖典四九四頁）

といわれるのです。つまり信心というのは如来の願いと相応する、あるいは仏陀の教えと相応するということが成り立った心である。成り立つことを相応するというのだと、このように了解されて、天親菩薩の「一心」ということは『無量寿経』の教えと相応したということ、そして法蔵願心と相応したということだと、そのように受け止められたのです。

それは、こちらから努力して相応するという方向ではない。願力成就ということを信ずるということにおいて、願と相応するということです。こういう相応の仕方によって、『無量寿経』に説かれる、

心を至し信楽して我が国に生まれんと欲うて、乃至十念せん。もし生まれずは、正覚を取らじ。唯五逆と正法を誹謗せんをば除く。
（至心信楽、欲生我国、乃至十念。若不生者、不取正覚。唯除五逆、誹謗正法）（聖典一八頁）

という、あの至心信楽の願の言葉全体を通して、これが衆生の上に信心となるのだと、親鸞聖人は受け止められたのです。

唯除の文を唯識から見る

これは私にとってもずっと問題なのですけれども、この愚かな心、この分別臭い、疑い深い私が、如来の願と一つになる、相応するということが成り立たないという問題です。曇鸞大師は、

称名憶念あれども、無明なお存して所願を満てざるはいかんとならば、（「信巻」聖典二一三頁）

といわれています。この無明は、名前を称えようという信は起こるけれども、称えても消えない無明です。これは、いうならば、末那識相応の煩悩というような質の無明だろうと思うのです。ですから、本願がいくら衆生を救いたいと願って、方法を選んで名となってくださっているという話を聞いても、お話として聞いているだけで、自分にとっては自分の方から取りにいくほどの価値はないと、そういう疑いの心が残る。たまたま何かで躓いて、もう行き詰まって、名号を信ずるというようになっても、名号と自分とが離れているという問題が残るのです。こういう問題を、親鸞聖人は、本願成就の救いとは何であるかという形で徹底してお考えになったのです。

そのときに自覚されてくるのが、「唯除」という問題です。善導大師が「唯除の文」を「抑止の文」といわれた。その抑止文といわれる文を、「信巻」の後半の課題とされています。

親鸞聖人は、「信巻」において、

信に知りぬ。「至心」・「信楽」・「欲生」その言異なりといえども、その意惟一なり。（中略）これ

を「真実の信心」と名づく。(中略)このゆえに論主建めに「我一心」と言えり。また「如彼名義欲如実修行相応故」と言えり。(聖典二三五～二三六頁)

と、本願の三心は一心である、一心は真実信心であると、このように論じた後、

「真仏弟子」と言うは、「真」の言は偽に対し、仮に対するなり。「弟子」とは釈迦・諸仏の弟子なり。金剛心の行人なり。この信・行に由って、必ず大涅槃を超証すべきがゆえに、「真仏弟子」と曰う。(聖典二四五頁)

と、真の仏弟子釈というものを置いて、人間に真実信心が成り立つということは、凡夫が仏弟子になることであり、仏弟子になるということは涅槃を超証することだといわれるのです。

そして、「涅槃を超証する」ということでは、弥勒菩薩と等しいということで、

弥勒大士、等覚金剛心を窮むるがゆえに、龍華三会の暁、当に無上覚を極むべし。念仏衆生は、横超の金剛心を窮むるがゆえに、臨終一念の夕、大般涅槃を超証す。(聖典二五〇頁)

と、弥勒と等しい位がいただけると論じられているのです。そしてさらに、

「仮」と言うは、すなわちこれ聖道の諸機、浄土の定散の機なり。(聖典二五〇頁)

「偽」と言うは、すなわち六十二見、九十五種の邪道これなり。(聖典二五一頁)

と、仮の弟子、偽の弟子について論じていかれるのです。

仮の仏弟子、偽の仏弟子という問題は、「化身土巻」で詳しく論じられる問題なのですけれども、じつは「信巻」の中にもそういう問題が論じられているのです。真実信心を得たら、もう仮や偽と無

関係になるように我われは考えたい。けれども親鸞聖人にとっては、そうはならない問題を人間は生きているのだということで、

誠に知りぬ。悲しきかな、愚禿鸞、愛欲の広海に沈没し、名利の太山に迷惑して、定聚の数に入ることを喜ばず、真証の証に近づくことを快しまざることを、恥ずべし、傷むべし、と。（聖典二五一頁）

と、自らを悲歎されているのです。

その問題は、末那識相応の煩悩を人間は生きているという問題と通じていると思います。ですから「はい、本願を信じます」といって信じた心は殊勝なようですけれども、信じたときは感動するけれど、すぐ忘れてしまう。それで蓮如上人は、

「そのかごを水につけよ」と。わが身をば法にひてておくべきよし、仰せられ候う。（『蓮如上人御一代記聞書』聖典八七一頁）

といわれるけれど、つけているつもりでも干上がってしまう。これは、そんなことをしてはいけないと思ったから直るものではないのですね。

親鸞聖人は、深い自分の存在の懺悔として、阿闍世の問題に深く同感しておられます。阿闍世が、父親を殺して王位を奪ったことを罪と感じて苦しみます。その阿闍世の苦しみを慰めようとする六師外道の言葉の中に、そういう王様は多いのだというのがあります。親を殺して王位を奪うという歴史が、いわば王室の歴史みたいなものだといって、阿闍世を慰める言葉が『涅槃経』の中にあります。

それを親鸞聖人は、「信巻」に引用されています。

また一の臣あり、「悉知義」と名づく。(中略)むかし王ありき、名づけて「羅摩」と曰いき。その父を害し已りて王位を紹ぐことを得たりき。跋提大王・毘楼真王・那睺沙王・迦帝迦王・毘舎佉王・月光明王・日光明王・愛王・持多人王、かくのごときらの王、みなその父を害して王位を紹ぐことを得たりき。しかるに一として王の地獄に入る者なし。いま現在に、毘瑠璃王・優陀邪王・悪性王・鼠王・蓮華王、かくのごときらの王、みなその父を害せりき。ことごとく一として王の愁悩を生ずる者なし。(聖典二五五頁)

とあります。この文は、「信巻」の中に引用されているだけではなくて、「信巻」の冒頭に、

復有一臣名悉知義　昔者有王名曰羅摩害其父得紹王位
跋提大王毗楼真王　那睺沙王　迦帝迦王
毗舎佉王　月光明王　日光明王　愛王
持多人王　如是等王皆害其父得紹王位然無
一王入地獄者於今現在毘瑠璃王　優陀邪王
悪性王　鼠王　蓮華王　如是等王皆
害其父悉無一王生愁悩者(聖典二〇九頁)

と、「別序」の前のメモのように書かれているのです。これは、自筆本の『坂東本』にしかないもので、これが何を意図するものなのか謎なのです。この文は『坂東本』だけにあるもので、写本や版本

にはないのです。ですから、あれは単なるメモで、紙が足りないからメモしたのであって、要らないのではないかとも考えられます。けれども、要らないのだったらバッテンで消しておけばいいのですね。でも消してはないのです。

「信巻」がはじまる前に、つまり真実信心ということを明らかにする巻の前に、『涅槃経』のあの文が置かれている。そしてそれはまた、唯除の問題の中にも引用されてくるのです。ですからこれは、人間にとっての深い罪業の問題の提示でもあるわけです。五逆誹謗正法が信心にとっていかなる意味を持つのかという問題でもあるわけです。親殺しは、五逆の一つです。その親殺しの罪を、阿闍世のように本当に現実に親を殺して王位を簒奪してしまったということ、これももちろん問題ですけれど、そういう罪悪人であっても本願の大悲によってたすかるのだと、こういうことを明らかにする。

そのときに、「信巻」の課題は、そういう親殺しをした罪悪の存在がたすかるという課題だということを、親鸞聖人は「信巻」の初めにこの『涅槃経』の文を置いておさえておられるのではないかと思われるのです。現代の精神分析などの深層心理からいえば、我われ一人ひとりが人間として自分の自我を意識するときには、散々世話になった親も師匠も友達もみんな踏みつけにして、俺がここで頑張っているのだというように思うわけですね。いわば他を殺して自己を立てる。そういう思いが出てくる。そういう罪な存在が、本当に大悲の前に頭を下げる、そういうことがどうしてできるのか。

曽我先生は、『田舎寺の研究生活』（『曽我量深選集』第三巻）という文章で、東京に建てた「真宗大学」が潰れて、教授職を解かれて、新潟の御自坊に帰られて、御堂でお勤めをしたり礼拝したりしているけれど、礼拝している自分を自分がまた見ている。「ああ、ちゃんと殊勝にお勤めをしているな」と見ている、そういう自分がいる。何かたすからない自分がいる。こういうことをいっておられるのです。こういう問題は、普通は気づかないけれども、人間というものが本当に解放されない、根の罪の問題でしょう。ですから、自覚といっても、いわゆる六識相応といいますか、自分の意識で分かる範囲で自分を分かっている、そういうことを自覚というのではない。仏教が明らかにしようとする自覚は、人間存在の根本構造をしっかりとどこまでも見ていく。その見ていくというのは、教えを聞いていくことと、自分を見ていくこととは終わりがない。曽我先生が「仏教には入門はあるけれど、卒業はない」といわれた、そのことの意味は、学んでも学んでもまだ足りないほど学びの量があるという、そういう意味もないわけではなかろうけれど、我われの本質が、いくら聞いても、それに反逆するような素質が消えないということだと思うのです。しかし、そういう素質をもったままで、本願力の中にいることを自覚することができる。こういう構造の解放ですね。ですから、親鸞聖人の信心とは、煩悩がなくなって信心を獲るのでもないし、罪がなくなって信心を獲るのでもないのです。信心を獲ている一方で、

誠に知りぬ。悲しきかな、愚禿鸞、愛欲の広海に沈没し、名利の太山に迷惑して、定聚の数に入ることを喜ばず、真証の証に近づくことを快しまざることを、恥ずべし、傷むべし、と。（聖典二五一頁）

といわれるように、「悲しきかな、愚禿鸞」という事実を生きているという、そういう構造の本願

成就の救いということが、「信巻」の展開なのではないでしょうか。「悲しきかなや、愚禿鸞」という悲嘆の文というのは、信心がまだ足りないから悲嘆しているのではないのです。真実信心が成り立っていても、なお煩悩がなくなるわけでもないし、罪がなくなるわけでもないという人間の在り方を表しているのです。

唯除の問題は、仮名聖教では簡単に、

唯除というは、ただのぞくということばなり。五逆のつみびとをきらい、誹謗のおもきとがをしらせんとなり。このふたつのつみのおもきことをしめして、十方一切の衆生みなもれず往生すべし、としらせんとなり。（『尊号真像銘文』聖典五一三頁）

とあり、摂取不捨の意図を明らかにするために唯除の文があるのだという親鸞聖人の読み方が説かれています。ですから、罪深き存在を除外するために書かれているのではないのです。そこに「つみのおもきことをしめして」とはいわれていますが、それは我われが自分の罪の深いことが分からないからなのです。

そういう深層の罪悪性にぶつかるという問題が、やはり浄土教の祖師方の歴史にあって、それはたんに神話的な宿業の罪とかをいっているのではなくて、意識の罪として彫り上げてきたのが、『三十頌唯識論』の末那識という問題なのではなかろうかと思うのです。こういう問題に気づいたら、もう自力ではけっしてたすからない。天親菩薩は、自分で転識得智できるという立場で、一応『三十頌唯識論』を書き上げられているけれど、『三十頌唯識論』によって、それで転識得智して大円鏡智が開けるのかというと、それに背くような深い罪というものを抱えている自己が見えてくる。

そこに、『十地経論』を書かれた婆藪槃頭《ばそばんず》菩薩が『浄土論』を書かれた、『無量寿経優婆提舎願生偈』を書かざるを得ないという問題があるのです。やはり、あの如実修行相応の一心というものは、罪がなくなった一心ではなくて、本当に罪の身を大悲が摂取するという、それを信ずるという形で如来の願いと一致するという、そういう構造ではないかと思うのです。こう考えて、安田先生からいただいた謎を、少し分かったような気がして、私の分限を超えたような課題を考えさせていただきました。

倶生起の煩悩とはどのようなことかということが、詳しくお分かりになりたい方は、『安田理深選集』の第三巻、全部読まなくても、初めから読んでいかれると、何をいわれているのかということが少しは了解できると思います。そのようなことで、安田先生が残してくださった求道の課題というものが、少しく、なんとなく、手がかりがつかめたような感じがしたことでございます。

『初版』のあとがき

本書の内容は、二部からなっている。

一部は、近代における親鸞思想の鮮烈なる系譜、いわゆる近代教学と呼ばれる思想についての、講話（愛知県豊川市国府の長泉寺における安田理深先生の一周忌法要・一九八三年八月二十二・二十三日）の記録である。この会は、晩年の安田先生が、七年間にわたって、毎月、「信巻」を講義しておられた場所であり、先生亡き後（一九八二年二月十九日入滅）、その講義を住職安藤眞吾さんが中心となって「親鸞における救済と自証」十巻にまとめられた所である。その会の熱心な聴講者の一人であった静岡県藤枝市の中山まさ子さんが小生の話をテープ整理して、公刊されることを願って下さっていた。今回、やはりその会に常滑から参加されていた渡辺哲太郎さんのテープをお借りして、中山さんの原稿を整理しなおして下さったのが、東京の森芳樹さんである。

愚生は、大谷大学で近代教学論を講義していたこともあって、親鸞思想の、特に近代教学と呼ばれている思想の中心的特質を、この会においても考察しようとしたものである。

もう一部は、縁あって小生が住職をさせていただいている浅草・今戸の本龍寺で続けられている「禿龍洞」なる聞法会の数年分の講話である。この会を発願し、お世話して下さっている川江登さんが、毎年、テーマを出して下さったので、それをここに纏めたものである。テープの整理は、同じくその会の責任者の浦和の森弘さんがされたものを、やはり森芳樹さんが手を入れて下さった。

一貫して、小生がお育てを頂いた、京都の相応学者の安田理深先生についてのテーマであったので、先生の十七回忌を迎えるにあたって、ここに纏めてみたものである。

先に、『近代親鸞教学論』（草光舎刊）として近代教学を考察してはいるのだが、中世から近代に至る親鸞思想の流れの方に重点がかかって、近代教学そのものにあまりスペースを割けなかった。その課題を追求するにしては、少々お粗末かとは思われるが、たちまちに消えていく先生方の芳香を、たとえ一部なりとも残したいとの思いで、一応公にさせて頂くものである。

本書の成るにあたっては、法藏館編集部の和田真雄さんのお世話になった。改めて言うまでもないかもしれないが、この小著も大勢の方々のお力で成ったものである。因縁の恵みの所産であることが、有り難いところである。

一九九七年七月

本多弘之

本多弘之（ほんだ　ひろゆき）

1938年，中国黒龍江省に生まれる。1961年，東京大学農学部林産学科卒業。1966年，大谷大学大学院修了。大谷大学助教授を経て，2001年，親鸞仏教センター所長に就任。真宗大谷派本龍寺住職。朝日カルチャーセンター（新宿）講師。1983年，大谷大学を辞任の後，『安田理深選集』（全22巻，文栄堂）の編集責任にあたる。

著書に『一念多念文意講讃』『親鸞思想の原点―目覚めの原理としての回向』『大無量寿経講義』全３巻（以上，法藏館），『浄土―その解体と再構築』『浄土―その響きと言葉』『浄土―おおいなる場のはたらき』『教行信証』行巻講義２～５（以上，樹心社），『他力救済の大道―清沢満之文集』『親鸞の鉱脈』『静かなる宗教的情熱―師の信を憶念して』『教行信証』総序・教・行巻講義録（以上，草光舎）ほか多数。

増補版 親鸞教学《しんらんきょうがく》―曽我量深《そがりょうじん》から安田理深《やすだりじん》へ―

一九九八年二月一〇日　初版第一刷発行
一九九九年六月三〇日　初版第二刷発行
二〇一五年九月二〇日　増補版初版第一刷発行

著　者　本多　弘之
発行者　西村七兵衛
発行所　株式会社　法藏館
京都市下京区正面通烏丸東入
郵便番号　六〇〇-八一五三
電話　〇七五-三四三-〇〇三〇（編集）
〇七五-三四三-五六五六（営業）

装幀　名子デザイン事務所
印刷　中村印刷　製本　吉田三誠堂

ISBN 978-4-8318-8738-2 C3015